QUE S

La publicité

ARMAND DAYAN

Professeur Associé à l'ESCP

Septième édition corrigée

56ᵉ mille

DU MÊME AUTEUR

A. Dayan, Manuel de la distribution, PUF, coll. « Gestion », 1992 (ouvrage traduit en italien).

A. Dayan *et al.,* La distribution, CEPL-Hachette, 1973.

A. Dayan, La distribution des produits de consommation, PUF, 1974.

A. Dayan, Le marketing, PUF, coll. « Que sais-je ? », n° 1672, 8e éd., 1993 (ouvrage traduit en espagnol, en portugais, en arabe, en russe, en bulgare, en roumain, en suédois).

A. Dayan, Le marketing industriel, PUF, coll. « Que sais-je ? », n° 2036, 4e éd., 1994.

A. Dayan, Marketing industriel, Vuibert, « Gestion », 3e éd., 1993.

A. Dayan et A. Zeyl, L'animation et le contrôle de la force de vente, Ed. d'Organisation, 4e éd., 1990 (ouvrage traduit en espagnol).

A. Dayan et A. Zeyl, Organisation et gestion de la force de vente, Ed. d'Organisation, 3e éd., 1991.

A. Dayan, J. Bon, A. Cadix, R. de Maricourt, C. Michon, A. Ollivier, Marketing, PUF, coll. « Fondamental », 4e éd., 1992.

A. Dayan, A. et L. Troadec, Promotion des ventes et p.l.v., PUF, coll. « Que sais-je ? », n° 2482, 2e éd., 1995.

A. Dayan, A. et L. Troadec, Le merchandising, PUF, coll. « Que sais-je ? », n° 2516, 2e éd., 1992 (ouvrage traduit en catalan).

A. Dayan, avec A. Ollivier et R. Ourset, Le marketing international, PUF, coll. « Que sais-je ? », n° 2494, 3e éd., 1994.

A. Dayan, Examen critique de la mutation en cours du modèle de consommation, essai de modélisation du Service des Consommateurs dans l'entreprise, Cahier de recherche ESCP, n° 81-20, Paris, 1981.

ISBN 2 13 044632 9

Dépôt légal — 1re édition : 1985
7e édition corrigée : 1995, décembre

© Presses Universitaires de France, 1985
108, boulevard Saint-Germain, 75006 Paris

INTRODUCTION

« Plus le singe monte haut plus il montre son derrière. »

La publicité « insulte nos regards, falsifie les épithètes, gâte les paysages, corrompt toute qualité et toute critique », écrivait Paul Valéry. Georges Duhamel la considérait comme « une formidable entreprise de contrainte et d'abrutissement, traitant l'homme comme le plus obtus des animaux ». Quant à Etiemble, il parle de « décerveleurs professionnels » et dit que la publicité « détruit la langue française et substitue ses slogans à la sagesse populaire »... Blaise Cendrars, de son côté, a dit de la publicité qu'elle est « la fleur de la vie contemporaine, une affirmation d'optimisme et de gaîté ».

Tous ces propos sont bien sûr excessifs, bien qu'ils contiennent tous une part de vérité, et ce sont des réactions affectives. D'autres ont analysé plus froidement le mécanisme de la publicité, comme le sociologue Edgar Morin, qui écrit (1) que l'action publicitaire « consiste à transformer le produit en stupéfiant mineur — ou à lui inoculer la substance drogante, de façon que son achat-consommation procure immédiatement l'euphorie-soulagement, et à long terme l'asservissement. Si le message publicitaire atteint la forme et la formulation optimales, il doit à la fois euphoriser et troubler, donner l'avant-goût du plaisir et l'appel du plaisir ». Et l'auteur ajoute que ce n'est certainement pas la publicité qui crée l'univers

---

(1) Dans sa préface à *La publicité, de l'instrument économique à l'institution sociale*, de B. Cathelat et A. Cadet, coll. « Etudes et documents », Payot, 1968.

consommationnaire *ex nihilo*, mais que cet univers est inconcevable sans la publicité.

Car si la publicité, dans ses formes les plus frustes, existe depuis de nombreux siècles, ce n'est qu'au milieu du XIXᵉ siècle que la « réclame » pénètre de plus en plus dans la presse, et il faut attendre la fin du siècle aux Etats-Unis et les années 30 en France pour qu'apparaissent des « agences » préfigurant celles qui existent actuellement.

La publicité est un des aspects de la communication commerciale, c'est-à-dire d'un des quatre éléments d'action sur le marché ou *marketing-mix* (le produit, le prix, la distribution, la communication).

A ce titre, elle doit informer, certes (sur l'existence du produit, sur son prix, sur ses dimensions...), mais surtout inciter à l'achat, car c'est là sa fonction première. C'est pour atteindre cet objectif que la publicité cherche comment toucher, puis convaincre — séduire — l'acheteur potentiel. Cette recherche a évolué depuis cinquante ans pour aboutir à la synthèse actuelle dont nous sommes la cible et à travers laquelle, « pour le conduire à l'achat, la publicité présente au consommateur, à des fins d'identification, une image de lui-même conforme à ses attentes ; celles-ci étant fonction de l'environnement socio-culturel et par là même normatives, elle doit, en première analyse, s'y conformer » (2).

C'est pourquoi plus qu'initiatrice la publicité est récupératrice : elle ne crée pas, elle amplifie ; elle n'invente pas, elle diffuse. Mais attention : « Chacun des appels publicitaires remet en cause la position du consommateur dans la structure sociale : elle peut lui procurer un surcroît de satisfaction ou le conduire à la solitude angoissante du déviant. Aucun publici-

---

(2) B. Cathelat, A. Cadet, *Publicité et société*, coll. « PBP », Payot, 1976.

taire ne saurait ignorer que ses annonces, joujous en apparence inoffensifs, mettent en question la personnalité propre du client pressenti, son adaptation socioculturelle et la société elle-même en son ordre traditionnel... (3). »

Nous tentons dans notre présentation de donner une idée, exacte sinon exhaustive, des mécanismes d'action supposés de la publicité, de la façon de la concevoir et réaliser une campagne de communication, d'informer le lecteur sur les techniques connexes de communications commerciales ainsi que sur le fonctionnement des agences... et de lui donner envie d'en savoir plus : il se référera pour cela aux ouvrages cités en bibliographie, qui lui fourniront d'intéressantes analyses sur le phénomène publicitaire.

(3) B. Cathelat, A. Cadet, Publicité et société, op. cit.

Chapitre Premier

LA PUBLICITÉ, OUTIL MAJEUR DE LA COMMUNICATION COMMERCIALE

> « J'entends bien, dist Pantagruel ; tu es lymosin, pour tout potaige. Et tu veux ici contrefaire le Parisian. Or viens çza, que je te donne un tour de pigne. »

I. — Publicité pour quoi, pour qui, comment ?

Nous avons vu que l'objectif premier de la publicité est commercial (1) : c'est une communication payante, unilatérale et impersonnelle, par l'intermédiaire de media et supports de toutes sortes, en faveur d'un produit, d'une marque, d'une firme (d'une cause, d'un candidat, d'un ministère...) identifiés dans le message. Cette communication est :

— *payante* : l'annonceur doit payer pour envoyer son message (2) ;
— *unilatérale* : la publicité est en effet à sens unique, de l'annonceur vers la cible visée, sans autre rétroaction que le comportement final de l'acheteur potentiel ; de plus ce n'est pas un dialogue, mais un monologue — souvent narcissique ;

(1) Des organisations à but non lucratif font aussi de la publicité : on remplacera alors le terme « commercial » par utilitaire, qui supprime la notion d'argent mais conserve l'idée que la publicité doit, dans ce cas également, « servir à quelque chose ».
(2) On appelle publicité rédactionnelle le texte, publicitaire dans le fond, malgré les apparences, publié par un support de presse hors de l'espace clairement publicitaire.

— *impersonnelle* : contrairement à la vente par l'intermédiaire de représentants, la publicité ne s'adresse pas à un individu mais à l'ensemble de ceux qui constituent sa cible ;
— *médiatisée*, et plus particulièrement par les mass-media, les moyens de communication de masse, chaque fois qu'il s'agit de toucher massivement de très larges audiences (ménagères, automobilistes...) ; ou encore des media et supports plus modestes comme la publicité directe ou publipostage, les catalogues, les salons et expositions, dans le cas de cibles plus spécialisées donc plus restreintes, de communication en milieu industriel et professionnel.

Publicité pour quoi? — Bien que la publicité concerne en très grosse proportion des produits reconnaissables à leur *marque*, il existe aussi des publicités *collectives* réalisées pour le compte d'une profession, d'un ensemble de producteurs, etc. (3), et une publicité qui ne met pas en avant un produit mais l'entreprise ou l'organisation à laquelle il appartient, pour les faire connaître, informer sur leurs réalisations, leur but, l'avantage qu'ils procurent à la collectivité, etc. Cette publicité appelée *institutionnelle* a une finalité aussi bien commerciale (soutenir la bonne réputation de la firme pour favoriser ses ventes) qu'extra-commerciale (attirer une main-d'œuvre qualifiée, par ex.). Voir Annexe I-1.

Publicité pour qui? — La cible des annonceurs n'est pas seulement le grand public, acheteurs de biens et de services de consommation courante.

---

(3) Cf. les campagnes « Le thon c'est bon » ; « On a toujours besoin d'un petit pois chez soi ».

C'est aussi l'acheteur professionnel en milieu industriel, ce sont aussi les divers groupes ou segments de clientèle potentielle spécialisée dans l'utilisation de tel produit ou service (la planche à voile pour le grand public, l'aile volante pour la minorité). La publicité grand public passe par les grands media, les supports de masse, l'affichage, la télévision... La publicité plus spécialisée passe par la presse technique, le publipostage, les publications « pointues », très sélectives...

Publicité comment ? — Deux modes d'expression du message publicitaire se partagent la communication : la dénotation et la connotation.

— La publicité *dénotative* informe, s'adresse à la raison, argumente pour convaincre ; elle utilise le texte, le dessin technique ou l'image pour renforcer l'explication verbale.

— La publicité *connotative* évoque et suggère, s'adresse à l'émotion, à l'affectivité, aux motivations inconscientes ; elle procède par l'association d'idées, par l'évocation d'une ambiance ; l'image est son vecteur privilégié, ainsi que dans une moindre mesure le son.

Bien que nombre de messages soient purement dénotatifs ou connotatifs, bon nombre également combinent les deux dans des proportions variables.

Le mode d'expression peut également se diviser en publicité dure et douce (4) :

— La publicité « dure », très proche de la promotion dans son esprit et l'accompagnant souvent, a comme elle, et contrairement au mode d'action de la publicité en général, un objectif à court terme : influencer la cible pour entraîner un achat immédiat par le biais de messages tapageurs et sans nuances,

(4) Le *hard selling* et le *soft selling* des Américains.

du type « Y écrase les prix » ou « Tout doit disparaître » (5).

— La publicité « douce » cherche non seulement à faire connaître le produit et la marque, mais à créer tout autour une image, un halo favorable... C'est bien

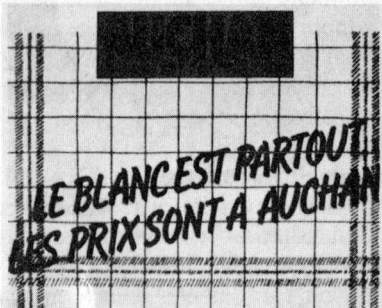

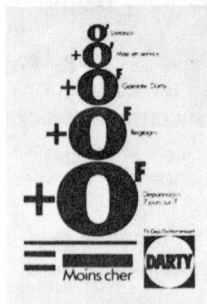

sûr une publicité le plus souvent connotative, jouant sur les symboles, les motivations profondes, l'affectivité... et visant le moyen terme, de façon qu'un changement d'attitude en faveur de la marque, favorisé par les associations qu'induit et suggère le message entraîne à son tour un comportement d'acceptation puis d'achat.

(5) La publicité directe est souvent « dure », par exemple pour certains produits vendus par correspondance.

II. — Les théories de la communication et leur application à la publicité

1. L'attention est sélective. — Nous sommes soumis en permanence à la pression publicitaire : affichage, radio, télévision, presse... plus ou moins selon notre profession, notre mode de vie, notre environnement, mais la quantité des « messages » et leurs contradictions (par le jeu de la concurrence) sont telles que nous « sélectionnons » consciemment et inconsciemment : sur la centaine de messages auxquels nous sommes exposés chaque jour en moyenne, nous n'en percevons effectivement que le tiers et seul le dixième semble avoir une probabilité non négligeable d'influencer notre comportement : il y a donc bel et bien un filtrage.

Quels sont les messages qui passent ? Nous ne voyons et nous n'entendons que ce qui nous plaît et ce que nous craignons, c'est-à-dire ce qui nous intéresse d'autant plus que nous pensons que le risque est élevé et que nous nous sentons impliqués dans le choix :

— La perception du *risque* : notre recherche d'information est accrue par le sentiment du risque que nous prenons — *risque financier* (le prix, l'entretien, la panne possible), *risque « social »* (que va-t-on penser de nous si nous achetons ceci, si nous portons cela, si nous voyageons de telle manière...).

— Le sentiment *d'implication* : que l'information recherchée soit permanente (parce qu'elle a trait à nos centres d'intérêt), ou qu'elle soit occasionnelle (parce que liée à l'achat projeté), son besoin croît avec le degré d'implication personnelle de chacun de nous vis-à-vis du bien ou du service à acquérir (6).

_____

(6) Cette implication est différente selon les produits, très implicants comme la voiture, la maison, les produits de luxe et de prestige en général ;

D'après les travaux d'un chercheur (7), la publicité agit ainsi :

— Sur le consommateur *fortement impliqué* (qui est attentif à la publicité et la recherche, qui a tendance à rejeter les informations contraires à ses croyances, qui souhaite fortement l'approbation sociale) : par son contenu informatif, son pouvoir de crédibilité et de mémorisation (trois éléments que la presse peut assurer par sa capacité d'argumentation), elle l'influencera au point d'obtenir une attitude favorable à la marque et un comportement d'achat.

— Sur le consommateur *faiblement impliqué* (qui ne s'intéresse pas à la publicité, reçoit passivement n'importe quelle information, achète de manière routinière mais essaye une nouvelle marque par curiosité — cet essai étant le principal moyen pour juger un produit ou une marque — qui ne cherche pas d'approbation sociale) : le message publicitaire doit surtout attirer l'attention, faire identifier le produit et la marque, sans même avoir de contenu informatif ni pouvoir de mémorisation ; l'efficacité vient de l'exposition au message, qui provoque le comportement d'achat (pour essayer) sans changement d'une éventuelle attitude préexistante.

Cela ne veut pas dire que la publicité est capable de jouer un rôle décisif si l'acheteur potentiel, très impliqué, perçoit un risque élevé. Mais non seulement elle va peu ou prou l'influencer, mais elle va rassurer celui qui ne demande que ça, qu'on l'aide à acheter ou qu'on lui montre, après qu'il a acheté, qu'il a fait

peu implicants comme les produits de grande consommation d'usage courant. Mais pour un même type de produits, l'implication varie avec la catégorie — et la personnalité — de l'acheteur potentiel.

(7) J.-M. Agostini, Communication publicitaire et implication du consommateur : conséquences pratiques pour la conception des messages et le choix des media, IREP, Journées d'études, 1978.

le bon choix. Différentes théories (8) exposées par des chercheurs expliquent ce mécanisme.

2. **La connaissance peut dissoner.** — Ces chercheurs ont constaté qu'en présence d'informations discordantes ou divergentes l'acheteur potentiel, loin de sélectionner celles qui devraient le conduire à un choix rationnel sinon optimal, cherche surtout et ne retient que celles qui confortent ses attitudes, ses opinions préalables, le choix qu'il vient de faire en achetant. On parle alors de dissonance cognitive lorsque l'acheteur potentiel, mis en présence de ces informations discordantes, est perturbé au point de mettre en doute ses attitudes et ses comportements d'achat.

Il faut pour cela :

— que l'implication ainsi que le risque perçu soient forts ;
— que la source de l'information dissonante soit crédible ;
— que la dissonance se produise au bon moment, c'est-à-dire peu avant ou peu après un choix important.

Dans cette situation d'inconfort psychologique, chacun cherche à réduire la dissonance pour réduire la tension qu'elle produit, soit en évitant l'information perturbante, soit en mettant en cause la crédibilité de la source, soit en réduisant sa portée, par exemple en mettant en avant d'autres informations de sens contraire — mais qui vont dans le sens qu'on souhaite.

Pour toutes ces raisons, une action publicitaire « dissonante » n'a pas de chances de réussir : elle ne

---

(8) Théorie de la congruence *(congruity theory)*, théorie de l'équilibre *(balance theory)*, théorie de la dissonance cognitive (L. Festinger, A theory of cognitive dissonance, New York, Harper & Row, 1957).

sera pas « perçue », ne sera pas crue, sera évitée, sera rejetée... et n'aura influencé ni l'attitude ni le comportement de l'acheteur potentiel. Il faut au contraire agir de manière indirecte, chercher à être le plus crédible possible, par exemple en passant par le biais de prescripteurs et de leaders d'opinion reconnus ; ou encore en présentant sous une forme rationnelle et technique des produits dont on sait que les motivations d'achat sont beaucoup plus psychologiques et sociales (9).

Pour ces raisons également, le vendeur, le distributeur, le producteur doivent faire un effort particulier de réduction de la dissonance cognitive non seulement *avant* mais *après* l'achat, moment où on est le plus vulnérable à tout ce qui peut mettre en question notre choix : c'est ainsi que nous cherchons à être rassurés, confortés dans notre choix, que nous sommes réceptifs à toute information directe ou indirecte, que nous ne cherchons qu'à être convaincus... et à convaincre d'autres acheteurs potentiels à notre tour.

La communication sous toutes ses formes, et pas seulement la publicité, doit alors être mobilisée pour rassurer le nouvel acheteur, le fidéliser, en faire un partisan convaincu.

Mais comment la publicité peut-elle agir, influencer, convaincre ? « La publicité empirique des premiers âges correspond aux premiers efforts des sciences humaines. Pour convaincre l'acheteur et stimuler ses besoins, il n'était d'autres règles que celles de l'ingéniosité et du goût de chacun. Souvent inattendue, recherchée voire artistique, cette publicité n'avait que peu de moyens de contrôler son

---

(9) C'est le cas de nombreux acheteurs de certaines voitures, de matériel de haute fidélité, etc., qui cherchent avant tout à se donner et à donner aux autres une certaine image d'eux-mêmes.

rendement qui, faute de systématisation, restait faible. Au début du siècle, puis entre les deux guerres, s'épanouit un nouveau style de publicité, sur les bases de la psychologie associationniste et mécaniste. Mais la psychologie moderne a montré l'insuffisance et le caractère trop sommaire de ces formules, à l'assaut d'un public irrationnel. Conçue de manière plus scientifique, armée de techniques d'investigation issues de la sociologie, la publicité est parvenue à une plus grande diversification de ses appels et à un rendement accru » (10).

3. **Théories et modèles d'acheteurs.** — En fait, aucune des théories et des modèles que nous allons examiner brièvement n'explique totalement la manière d'agir de la publicité, et en même temps chacun explique certaines réponses positives des acheteurs potentiels, la publicité étant un stimulus parmi d'autres.

A) *Le modèle de l'acheteur rationnel.* — C'est celui qui correspond à la théorie économique classique, mais qui n'existe pas dans la réalité. Ce qui existe, par contre, c'est un consommateur partagé entre des aspects rationnels et des aspects irrationnels, et qui cherche à se donner bonne conscience en trouvant des justifications rationnelles à son comportement d'achat.

Si le premier acheteur « théorique » n'est pas perméable à la publicité, le second l'est tout à fait, à condition qu'elle l'informe et lui apporte des arguments « objectifs », qu'elle s'adresse à sa raison, non à son affectivité, qu'elle le persuade en le convainquant par une argumentation « objective ».

(10) B. Cathelat, A. Cadet, Publicité et société, coll. « PBP », Payot, 1976.

B) *Le modèle de l'acheteur conditionné.* — C'est celui qui correspond à la théorie de la « psychologie du comportement » (11), dite aussi « stimulus-réponse », où l'acheteur potentiel réagit — comme le chien de Pavlov — au conditionnement provoqué par la répétition, le matraquage publicitaire. Bien qu'une telle caricature d'acheteur n'existe pas tout à fait dans la réalité, un certain type de publicité se sert de ce modèle, en incluant tout de même dans ses messages un minimum d'arguments « rationnels ». C'est le cas des messages des lessiviers, des grands distributeurs (12), pour des produits et des services des plus banals, d'implication nulle, qui utilisent une publicité « mécaniste ».

Des perfectionnements ont été apportés au modèle si fruste de conditionnement « stimulus-réponse » : ce sont les modèles dits de la *hiérarchie de l'apprentissage* qui tiennent compte de trois niveaux : d'information ou cognitif, de l'attitude ou affectif, du comportement ou conatif, que l'acheteur potentiel franchit successivement pour aboutir à l'achat (fig. 1).

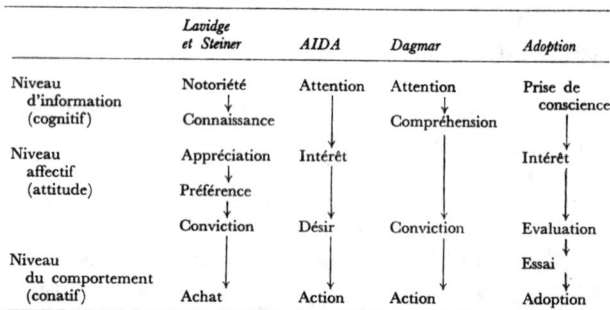

	Lavidge et Steiner	AIDA	Dagmar	Adoption
Niveau d'information (cognitif)	Notoriété ↓ Connaissance	Attention	Attention ↓ Compréhension	Prise de conscience
Niveau affectif (attitude)	Appréciation ↓ Préférence	Intérêt		Intérêt
	Conviction	Désir	Conviction	Evaluation ↓ Essai
Niveau du comportement (conatif)	Achat	Action	Action	Adoption

Source : C. Derbaix, Les réactions des consommateurs à la communication publicitaire et à la hiérarchie des effets, *Revue française du Marketing*, n° 58, sept.-oct. 1975.

Fig. 1. — Quelques modèles de la hiérarchie de l'apprentissage.

(11) Ou *behaviorism*, de l'Américain Watson.
(12) « X lave plus blanc », « Y écrase les prix ».

La publicité correspondante est dite « suggestive ». « Le succès de ces modèles est dû à l'apparente logique de la démarche qu'ils proposent, qui permet d'articuler dans le temps les différents messages d'une campagne et d'effectuer des mesures d'efficacité à chaque étape (notoriété, préférence, achat). « Par exemple, [pour vendre] une ampoule particulièrement économique, on fera d'abord connaître le produit : " Nouveau : Z, l'ampoule économique " ; puis on se montrera persuasif : " Dix raisons d'acheter Z, l'ampoule économique " ; on poussera enfin à l'achat : " Jusqu'à la fin du mois, offre exceptionnelle des ampoules Z " » (13).

Ces modèles sous-tendent bon nombre de campagnes publicitaires, et il semble que les choses se passent bien ainsi. Cela n'empêche que dans certains cas, comme l'explique la *théorie de l'implication minimale*,

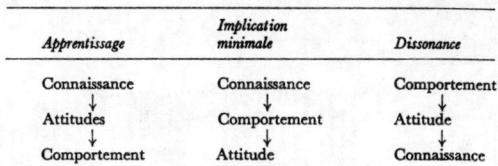

Apprentissage	Implication minimale	Dissonance
Connaissance	Connaissance	Comportement
↓	↓	↓
Attitudes	Comportement	Attitude
↓	↓	↓
Comportement	Attitude	Connaissance

Fig. 2. — Modèle d'apprentissage, de dissonance et d'implication minimale.

le processus soit inversé : l'acte d'achat précède la formation d'une attitude favorable lorsque l'acheteur potentiel n'est que faiblement ou pas du tout impliqué dans le choix du bien ou du service (14) (fig. 2).

C) *L'approche par les motivations profondes.* — Dans un premier temps, on agit pour satisfaire ses

(13) A. Dayan, J. Bon, A. Cadix, R. de Maricourt, C. Michon, A. Ollivier, Marketing, coll. « Fondamental », PUF, 4ᵉ éd., 1992.
(14) C'est le cas pour la plupart des produits de consommation courante, de faible valeur, ou non porteurs de statut social.

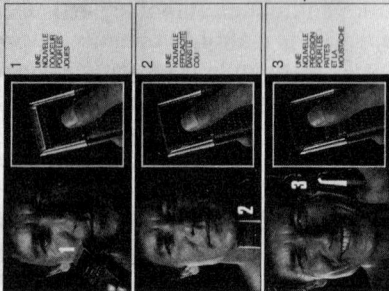

besoins primaires ; on agit également pour satisfaire les autres besoins, ainsi classés par ordre croissant tel que le suivant n'apparaît réellement que lorsque le précédent est satisfait : besoin de sécurité, besoin d'appartenance à un groupe social, besoin d'estime, besoin d'accomplissement de soi (15).

Mais à côté de ces besoins « clairs », il existe des raisons complexes qu'on appelle « motivations », à l'origine de nos conduites ou comportements et qui résultent d'un ensemble d'éléments conscients et inconscients, affectifs, intellectuels, aussi bien que culturels et physiologiques, en réaction constante les uns sur les autres. Ces motivations sont commandées par nos attitudes, c'est-à-dire notre prédisposition mentale permanente à réagir, à percevoir dans un sens déterminé, quelles que soient les circonstances. Les attitudes ne sont pas innées, mais le résultat d'interactions de toutes sortes auxquelles nous sommes soumis en permanence depuis l'enfance : la famille, l'école, les amis, la classe sociale à laquelle nous appartenons, les groupes de référence (16) auxquels nous voulons nous identifier et qui jouent le rôle de modèles, les prescripteurs, les leaders d'opinions...

Il est donc essentiel pour l'annonceur de connaître les motivations de ses acheteurs potentiels pour savoir, non seulement ce que les produits et leur conditionnement, mais sa publicité doit représenter pour conduire à l'achat, que précède la perception, « attitude agissante de restructuration des données objectives » (17) par laquelle l'individu « réinvente » l'objet pour l'intégrer à ses besoins ou à ses désirs, ou au contraire le rejeter ; l'acte d'achat se présente comme une suite de perceptions positives qu'il faut susciter.

(15) A. Maslow, Motivation and personality, New York, Harper & Row, 1952.
(16) Cf. V. Packard, Les obsédés du standing, Calmann-Lévy, 1960.
(17) F. Bouquerel, Les études de marché, PUF, 1967.

Les motivations jouent donc un rôle moteur dans nos conduites, et se caractérisent par une tension, un déséquilibre que la conduite a pour but de supprimer ou de réduire ; et point essentiel, celui qui subit les effets de ces mécanismes n'est pas toujours conscient de leur signification. Aussi y a-t-il le plus souvent une différence entre les raisons que nous avançons pour expliquer de façon rationnelle notre comportement et sa signification réelle. On en est arrivé aux constatations générales suivantes (18) :

— les objets sont des symboles, et le refus ou l'acceptation de leur signification symbolique pour soi-même entraîne l'achat ou le rejet ;
— acheter c'est s'identifier : il y a toujours un accord profond entre ce que l'on veut être — ou paraître — et ce qui peut être acquis ;
— acheter, c'est s'exprimer aux yeux des autres, être jugé : nous achèterons donc en fonction du « qu'en dira-t-on » ;
— l'achat donne mauvaise conscience : en effet, choisir c'est renoncer, ce qui entraîne le regret, et même le doute sur le choix lui-même ; par ailleurs la dépense entraîne souvent un remords inavoué, d'ordre plus ou moins moral, consécutif à une certaine éducation.

L'étude de motivation va chercher à retrouver le sens caché des attitudes et des comportements à travers l'analyse par les psychologues des interviews non directives des acheteurs potentiels, pour connaître ce qui pousse à l'achat et ce qui le freine, le processus d'information et de décision d'achat, la perception des lieux de vente, l'association à d'autres types d'achat, etc. (19).

(18) Citées par A. Denner, Principes et pratique du marketing, Delmas, 1971.
(19) Voir pour plus de détails : A. Dayan, Le marketing, coll. « Que sais-je ? », n° 1672, PUF, 8ᵉ éd., 1993.

La publicité va se servir à son tour de la connaissance de tous ces éléments pour essayer d'augmenter l'intensité des motivations positives et de supprimer les freins.

Cette publicité ne sera pas dénotative mais connotative, elle fera appel aux sens, à l'affectivité plus qu'à la raison, elle jouera dans le registre symbolique. Elle n'argumentera pas, elle montrera le produit dans un environnement qui suggère, qui fait rêver... On peut qualifier cette publicité de « projective ».

D) *L'approche par la conformité sociale.* — L'homme est un être grégaire, il appartient ou cherche à appartenir à un ou plusieurs groupes — et le groupe détermine souvent en grande partie les attitudes et les comportements de ses membres : ses normes sont fortes, voire impératives. « On ne consomme pas l'objet en soi, dans sa valeur d'usage, on manipule les objets (...) comme signes qui vous distinguent soit en vous affiliant à votre groupe pris comme référence sociale, soit en vous démarquant de votre groupe par référence à un groupe de statut supérieur » (20).

La publicité qui s'adresse à cette catégorie de personnes consommatrices de signes d'appartenance, de produits ostentatoires, qui se portent et se consomment en public (21), va insister sur l'aspect d'appartenance, justement, pour que chacun se reconnaisse dans le groupe social producteur de ces signes. « La publicité ne parle plus alors à l'homme absolu et éternel, mais à l'individualité contingente, en situation. Elle ne lui propose plus des satisfactions fondamentales, des images narcissiques, ou des rêves intemporels, mais des modes de pensée et de vie actuelle-

(20) J. Baudrillard, *La société de consommation, ses mythes, ses structures*, coll. « Idées », Gallimard, 1978.
(21) Comme les loisirs, la mode, l'automobile, les gadgets de toute sorte...

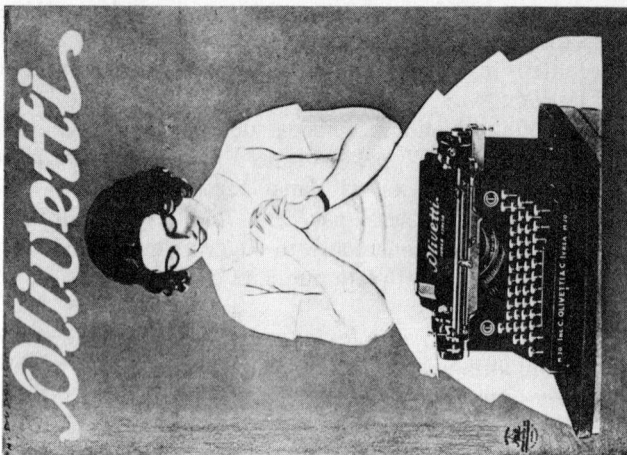

"Le calcaire dans l'eau c'est la même chose que les poussières dans l'air"

Vous êtes-vous déjà demandé pourquoi votre linge s'use vite, pourquoi votre épiderme s'irrite, pourquoi vos cheveux sont facilement ternes et cassants ? La réponse est simple : à cause de l'eau, ou plus exactement à cause du calcaire contenu dans votre eau.

Trouvez-vous normal également de dépenser plus pour obtenir de l'eau chaude ou vos quelques tasses de café ou thé trop longues. Il ne s'agit là que de désagréments provoqués par le calcaire dans votre vie quotidienne. La présence de calcaire est sérieuse, elle est surtout néfaste. Il présente également de graves inconvénients dans les secteurs industriels et certains secteurs professionnels.

Pensez à tout cela et demandez-vous s'il ne serait pas plus simple de traiter votre eau. Adressez-vous à Culligan, le premier spécialiste

mondial du traitement de l'eau : son expérience reste, jusqu'à ce jour, indéniable.

Culligan consacre beaucoup de temps et de moyens à la recherche pour mettre au point des procédés toujours plus perfectionnés. Partout dans le monde, les techniciens Culligan sont présents pour analyser, étudier et résoudre tous les problèmes de l'eau (traitement domestique, collectivités, immeubles, industries, etc.).

La meilleur moyen pour vous d'être définitivement convaincu, c'est de demander une documentation gratuite ou une démonstration sur l'eau adoucie à votre concessionnaire Culligan. Vous obtiendrez son adresse en écrivant à : Culligan France - 4 avenue du Président Kennedy - 78 Les Clayes-sous-Bois Tél. 461 24-81 : *Culligan*.

Faites-le dès aujourd'hui ! *Culligan.*

ment valorisés, miroir d'un moment culturel (22) ».
C'est la publicité du conformisme.

En fait, la publicité moderne mêle étroitement, parfois en concurrence, le plus souvent de façon coordonnée, appels informatifs et rationnels, tentatives de conditionnement mécaniste et images suggestives. « En effet, chacune des étapes s'est superposée à la précédente plus qu'elle l'a remplacée. Quelle signification dégager de cette évolution systématique de l'information à la persuasion, de la persuasion au conditionnement, du conditionnement à la suggestion inconsciente et enfin à la projection symbolique ? On a successivement cherché l'acceptation consciente de l'acquéreur, puis un tropisme automatique ; c'est désormais une adhésion profonde, inconsciente mais néanmoins réelle que cherche à obtenir la réclame » (23).

ANNEXE I-1. — *La publicité institutionnelle*

Lorsque la communication s'attache non pas à vanter les produits d'une firme, mais la firme elle-même (ou l'organisation quelle qu'elle soit), ses réalisations en faveur de l'économie nationale, du bien-être général, de la conservation de la nature, de l'emploi, de la recherche fondamentale ou appliquée... on parle de publicité institutionnelle (*corporate advertising* aux Etats-Unis).

Voici quelques-uns parmi les objectifs de cette publicité (24) :

— Dans certains cas, l'objectif est directement *commercial*. En effet, les entreprises de conseil (cabinets d'études, d'engineering), les banques, les sociétés d'assurance vendent des services sur mesures, ou encore des « produits » très peu différenciés : leur publicité ne peut alors être qu'institutionnelle, mais en même temps très incitative, car il faut qu'elle conduise à l'acte d'achat, puisqu'en « achetant » l'entreprise on achète le produit.

— A l'inverse, dans d'autres cas, la firme ne s'adresse pas à ses clients potentiels mais au public en général, pour qu'il ait d'elle une bonne image et prenne sa défense le cas échéant. C'est ce que font les entreprises qui ont une activité commerciale et industrielle

(22) et (23) B. Cathelat, A. Cadet, Publicité et société, op. cit.
(24) Voir le dossier : M.-R. de Jaham, La publicité institutionnelle, Stratégies, n° 196.

que la morale réprouve (fabrication et commerce des armes), ou dont on dit — à tort ou à raison — qu'elles s'enrichissent abusivement (laboratoires pharmaceutiques), ou encore qui mettent en danger la nature en raison des conséquences secondaires de leur activité (c'est le cas de toutes les entreprises polluantes pour l'air, la terre ou l'eau)... Leur publicité institutionnelle s'efforce de montrer au pays tout entier combien en réalité elles font d'efforts pour protéger la nature, sauvegarder la santé, rapporter des devises, etc.

— La firme multinationale désireuse de se donner une *identité nationale* le fait à travers la publicité institutionnelle : ainsi IBM, avec ses messages « IBM est un des grands exportateurs français », « Ce sont des Français qui travaillent chez IBM France », etc.

— La publicité institutionnelle sert aussi *à valoriser la firme* auprès de ses *partenaires* (fournisseurs, banquiers), de son propre *personnel* — dans le cas des très grosses entreprises, pour qu'il ressente un sentiment d'appartenance beaucoup plus motivant que celui d'être un salarié anonyme.

ANNEXE I-2. — *Les cinq fonctions essentielles des moyens de communication de masse et la publicité*

B. Cathelat et A. Cadet affirment (25) que les mutations culturelles passent toujours par « l'institution sociale » des media, qui en sont à la fois les indicateurs les plus sensibles et les organes de transmission et de transformation, et « interviennent à tous les stades dans la mise en question de la socio-structure en place, dans la genèse de flux culturels profonds d'évolution, et dans la mise en place de nouveaux modes de vie ». Ces chercheurs distinguent cinq fonctions essentielles des mass-media :

— Une fonction *antenne* : elle fournit à la société informations (confrontation à des cultures étrangères) et innovations (stimuli agressifs) et la met systématiquement en cause face à des idéologies, des attitudes, des habitudes, des pratiques différentes, tout cela perturbant l'équilibre des styles de vie par l'origine, la nature et la dramatisation des messages. C'est une information stimulante dont l'effet est la contestation de la tradition. Les media dont cette fonction est la composante principale sont la télévision, le cinéma et la presse d'information (quotidiens de grande information, journaux satiriques, presse underground, magazines scientifiques, encyclopédiques, de photo et de grand reportage).

— Une fonction *ampli* : la fonction antenne de certains media et supports provoque un déséquilibre et on ressent de plus en plus « l'inadaptation de ses schémas de conduite », cette fonction

(25) Dans Publicité et société, op. cit.

Qui Libération legitis, cervisias abbatiae Leffensis reperite

O fortunatos nimium viatores ! Si Belgicam transierint operamque dederint ut Dinandi abbatiam Leffensem obierint, a coenobitis accipient qua fortuna usus sit et Norbertus vir ille sanctus et ordo ille Praemonstratensis et abbatia illa tum formosa quae nec flumine crebro crescente nec bellis funestis nec seditionibus ullis everti potuerit. Epicuretis vero voluptatibus si delectantur diutius morabuntur ut cervisias quoque gustent quae quarque hac antiquissima ratione fervendi quae summo musto dicitur in officina abbatiae Leffensis conficiuntur.

Triplex septuagesima una millesima viget, vel ut ita scribam 7,1°. Quae cervisia aride nec non suavissime sapit. At leniter eam funde ne faex in poculum incidat, quae a fermentis ortur. In ampullis enim vigere non desinunt. Sunt praeterea quattuor, Flavo, Obscura, Vetus Cupa, Radiosa, quarum quaeque dignissima est quae probetur.

Brasserie et Abbaye de Leffe, Dinant-Belgique.

Look at it this way.
You didn't lose a bottle of Chivas;
you gained a few friends.

« ampli » amplifie ce déséquilibre « jusqu'à en faire un phénomène collectif aux dimensions de toute la société », et de plus il l'accélère. Résultat : la collectivité tout entière subit l'action de surenchère des mass-media, dramatisant les événements locaux, les faits minoritaires. Les media en question sont la radio, la télévision régionale (reportages et débats), la presse (quotidiens de grande diffusion, presse à scandale, magazines TV).

— Une fonction *focus* : « les media [ne sont pas la source] mais le lieu de focalisation des courants socioculturels de changement [résultant] du contingentement et de l'organisation du dynamisme anarchique de désirs de changement ». Ce rôle progressiste de sélection des projets de changement est particulièrement rempli par la presse d'opinion (les magazines politiques et la presse d'affaires).

— Une fonction *prisme* : « comme un prisme décompose la lumière, chaque medium, chaque support (...) filtre, détaille et transmet les tendances nouvelles sous forme simple, aux dimensions du quotidien et de la vie individuelle » et propose des modèles nouveaux d'attitude et de comportement adaptés à la nouvelle structure sociale. Ce rôle d'innovation culturelle et de diversification est tenu par la presse spécialisée et ses innombrables supports (magazines pratiques, mode, sexualité, bricolage, décoration, masculins, féminins, adolescents, presse technique spécialisée).

— Une fonction *écho* : les mass-media où cette fonction domine sont les « défenseurs et les conservateurs d'une socio-structure [à laquelle ils présentent] un miroir sécurisant, témoin d'un état social et de sa pérennité ». Ces media s'opposent à l'innovation, contre tout modèle étranger. Si la mutation se réalise malgré tout et s'incarne en produits, en comportements nouveaux, en nouvelles valeurs, ces media s'emploient à les parrainer, à les naturaliser... avec pour effet l'apparition de « nouvelles traditions », de « nouveaux conformismes ». Ces media sont principalement l'affiche, la presse quotidienne de province, et la presse enfantine, la presse familiale, la « presse du cœur ».

Ces cinq fonctions, la publicité les cumule globalement et utilise l'un ou l'autre selon la situation commerciale et les objectifs de marketing :

— *publicité antenne* pour lancer de nouveaux comportements ou modes de consommation : déodorants corporels, sauces toutes préparées... ;
— *publicité ampli* pour dramatiser les changements dans la mode vestimentaire ;
— *publicité focus* en proposant de nouveaux « modes de vie », comme l'utilisation par les femmes de tampons périodiques et de jeans ;

- *publicité prisme*, par l'application aux différents segments de clientèle de messages différents pour les produits de différentes gammes ;
- *publicité écho*, dont le type même est la conservation du statut de ménagère dans la communication pour les produits du type des lessives.

Grâce à des cristaux comme l'arséniure de gallium, les petites molécules vont faire progresser l'informatique en permettant de réaliser une nouvelle génération de circuits intégrés encore plus petits, plus rapides et plus sobres en énergie. Cette miniaturisation rendra de grands services. Ainsi, chacun de nous sur son poste de télévision aura accès aux banques d'informations : horaires de transports, informations locales, bulletins météo, relevés bancaires, etc.

Information, énergie, santé, transports, habitat ..., pour notre avenir quotidien le progrès passe par les petites molécules.

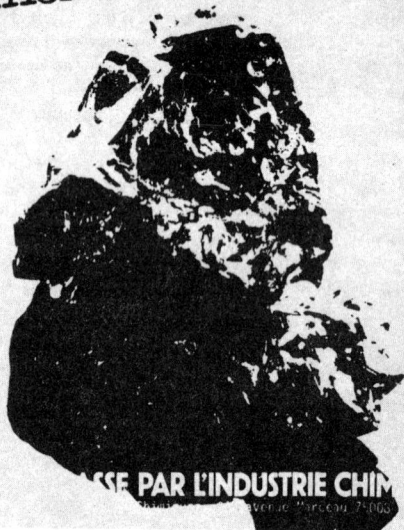

Les petites molécules brillent en informatique.

Chapitre II

LE PLAN DE COMMUNICATION

> « Inversement, si on connaît la pression moyenne,
> pour déterminer la puissance indiquée on multi-
> pliera la section du piston en centimètres carrés
> par la course en mètres, puis par la moitié du
> nombre de tours par minute, et on divisera le tout
> par 4 500. On multipliera, bien entendu, par le
> nombre de cylindres la puissance ainsi trouvée. »

La publicité — ou plutôt l'ensemble de la communication commerciale sous toutes ses formes — est
un des moyens dont dispose la firme pour atteindre
ses objectifs de marketing et, par-delà ceux-là, ses
objectifs généraux (1).

Elle a donc préalablement défini ce à quoi elle
veut arriver. Il s'agit ensuite de savoir comment y
arriver : un plan général de communication doit
donc être conçu et développé, qui comprend, à partir
des choix de marketing, le choix des objectifs de
communication, le choix des cibles visées, le choix de
l'axe et des thèmes de la campagne, le choix des media
et des supports, la conception et la réalisation des messages, la mise en œuvre de la campagne sur le terrain,
et bien sûr le contrôle de l'efficacité de la communication (fig. 3).

I. — Les choix de marketing

Les objectifs de marketing de la firme vont dé-
pendre de l'état du marché (demande, concurrence

(1) Voir, pour plus de précisions sur la stratégie générale de l'entreprise
et la contribution de la stratégie de marketing : A. Dayan, Le marketing,
coll. « Que sais-je ? », op. cit.

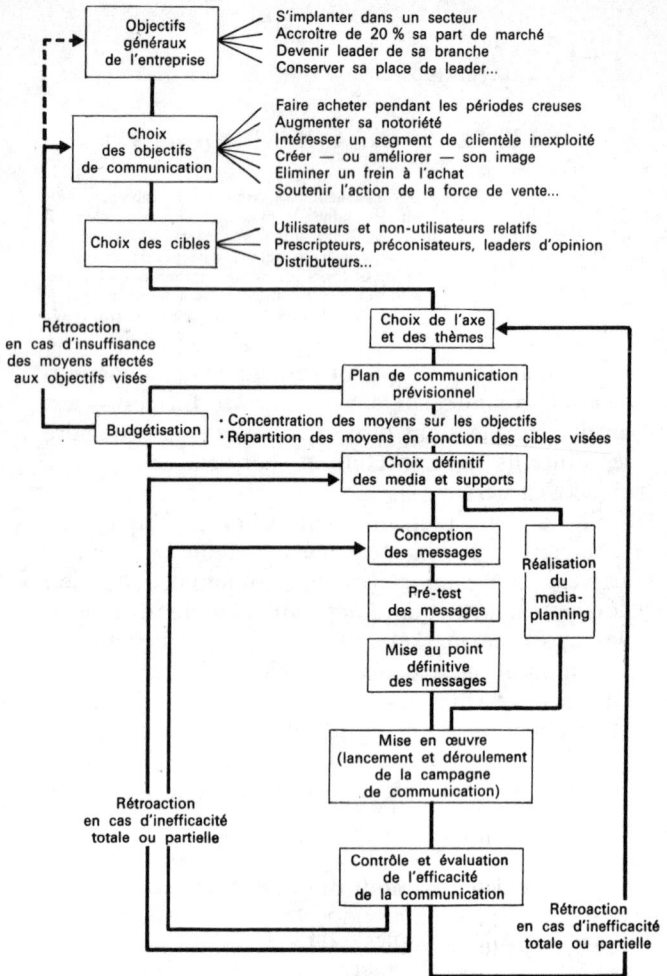

```
Objectifs
généraux
de l'entreprise
                    S'implanter dans un secteur
                    Accroître de 20 % sa part de marché
                    Devenir leader de sa branche
                    Conserver sa place de leader...

Choix
des objectifs
de communication
                    Faire acheter pendant les périodes creuses
                    Augmenter sa notoriété
                    Intéresser un segment de clientèle inexploité
                    Créer — ou améliorer — son image
                    Éliminer un frein à l'achat
                    Soutenir l'action de la force de vente...

Choix des cibles
                    Utilisateurs et non-utilisateurs relatifs
                    Prescripteurs, préconisateurs, leaders d'opinion
                    Distributeurs...
```

Rétroaction
en cas d'insuffisance
des moyens affectés
aux objectifs visés

Choix de l'axe
et des thèmes

Plan de communication
prévisionnel

Budgétisation

· Concentration des moyens sur les objectifs
· Répartition des moyens en fonction des cibles visées

Choix définitif
des media et supports

Conception
des messages

Pré-test
des messages

Mise au point
définitive
des messages

Réalisation
du
media-
planning

Mise en œuvre
(lancement et déroulement
de la campagne
de communication)

Rétroaction
en cas d'inefficacité
totale ou partielle

Contrôle et évaluation
de l'efficacité
de la communication

Rétroaction
en cas d'inefficacité
totale ou partielle

Fig. 3. — La communication commerciale.

directe et de substitution, appareil de distribution, législation, évolution culturelle et sociale, environnement économique), de ses possibilités propres (financières, techniques, humaines), de l'évolution technologique prévisible et de ses possibilités d'adaptation, des faiblesses de la concurrence...

La politique choisie pour les atteindre est dite :

— *d'accroissement de la demande primaire* (2), ou de *développement extensif*, faisant apparaître de nouveaux utilisateurs ; cela est particulièrement indiqué quand un marché est naissant et qu'il faut stimuler la demande (les lave-vaisselle et les surgelés en France au début des années 70) ;

— *d'accroissement de la consommation* par des utilisateurs *secondaires*, ou de *développement intensif*, lorsque la demande primaire potentielle est très faible (la voiture, la télévision, le téléphone aux Etats-Unis).

— *de fidélisation*, pour garder la clientèle acquise, qu'elle rachète et suscite de nouveaux acheteurs ;

— *concurrentielle*, pour accroître sa part de marché aux dépens des marques concurrentes, lorsque la demande secondaire est stabilisée — voire saturée — et la demande primaire encore inexploitée, inexistante (les lessives dans tous les pays développés).

II. — **Les politiques de communication en fonction de la politique de marketing**

1. **Accroissement de la demande primaire.** — Dans cette politique de développement extensif, on doit tenir compte de deux situations possibles :

A) Des *marchés* sont *nouveaux*, ils ont un potentiel élevé et *se développent très vite* (aliments pour chiens et chats, planche à voile,

---

(2) Ceux qui n'utilisent pas encore le produit.

télématique...) : il ne faut pas penser que cette situation dispense d'une forte communication commerciale, mais que c'est au contraire le moment favorable pour investir de façon à s'assurer une grande notoriété et une image forte (3). Cela sera très utile lorsque le marché sera devenu moins porteur, et en attendant cela permet aux firmes d'obtenir un accroissement des ventes supérieur au taux naturel du marché. C'est aussi un moment favorable pour le faire car, les affaires marchant bien, on peut plus facilement dégager des fonds pour la communication ; par ailleurs c'est dans cette phase de ce marché que la distribution et la publicité sont parmi les éléments moteurs du *marketing-mix* (4).

B) *Des marchés*, bien que loin de la saturation, sont *stagnants*, la demande primaire potentielle existe mais ne se manifeste pas (5). Le changement de comportement des acheteurs peut provenir d'une innovation (5), d'une amélioration du rapport qualité-prix, d'un changement dans les habitudes... par exemple du fait de la publicité, amplifiant une évolution naissante.

Mais pour que l'opération réussisse, il faut d'une part que la demande soit élastique à la pression publicitaire, et d'autre part que la firme qui en prendra l'initiative soit déjà très bien placée sur le marché pour bénéficier de cette augmentation de la demande globale (6).

2. **Accroissement de la demande secondaire.** —
Cette politique de développement intensif cherche à modifier la demande dans le sens de l'augmentation par une consommation accrue à chaque usage, une augmentation de la fréquence des achats et de l'usage, une augmentation des réserves stockées à la maison, un renouvellement du produit plus fréquent, une

(3) C'est par exemple ce qu'a fait Darty en 1971, lorsque la télévision en couleur commençait à relayer le noir et blanc, et Moulinex en 1955 quand l'électroménager a commencé son développement spectaculaire.

(4) Le *marketing-mix* est composé de quatre éléments d'action sur le marché : le produit, le prix, la communication, la distribution (voir A. Dayan, Le marketing, coll. « Que sais-je ? », op. cit.).

(5) C'était le cas avec le riz, considéré comme aliment de base plutôt lourd et pour les revenus modestes, jusqu'à l'apparition des riz incollables et de luxe qui ont accru la consommation globale ; c'est le cas du relancement des mousseux de qualité, bien moins chers que le champagne dont le prix a beaucoup augmenté.

(6) Même des firmes en situation de monopole ou de quasi-monopole (Chicorée Leroux) peuvent essayer d'augmenter cette demande globale en faisant de la publicité générique, c'est-à-dire une fausse publicité collective.

période d'achat et d'utilisation plus longue, de nouvelles utilisations du produit.

Tout cela est très difficile à obtenir, et on n'y arrive en partie que par l'emploi simultané de la publicité et de la promotion des ventes, pour des produits qui s'y prêtent, ne serait-ce que parce qu'on peut renouveler leur aspect extérieur en changeant leur conditionnement (7).

3. Fidélisation de la clientèle. — En matière d'achat de biens et de services par le public, la fidélité est souvent acquise pour les produits impliquants, mais pas du tout pour la grande masse de produits de consommation de toutes sortes, et cela d'autant moins qu'on est soumis à la sollicitation incessante et omniprésente de la concurrence.

Comment fidéliser ? En satisfaisant le client, non grâce à la publicité mais grâce à un rapport qualité-prix intéressant, à une bonne distribution, à un bon service après vente...

La publicité ne doit pas pour autant être absente :

— elle doit maintenir, voire augmenter la notoriété : ce sera alors une publicité d'entretien, de présence ;
— elle doit véhiculer l'image, si elle est de qualité, en le rappelant ;
— elle doit contribuer à l'actualisation, à l'*aggiornamento* du produit, de la marque, de la firme (par le rajeunissement du logotype, par la mise des messages publicitaires en conformité avec les styles de vie du moment des cibles visées).

4. Accroissement de la part de marché aux dépens des concurrents. — C'est le cas le plus général — non exclusif d'ailleurs de ceux qui précèdent...

---

(7) C'est le cas des condiments alimentaires (sauces, épices), de la margarine, du lait et de ses dérivés, etc.

Lecture de revues et magazines
(hebdomadaires et mensuels)

*Veuillez indiquer ci-dessous, en mettant une croix dans les cases voulues, quels revues et magazines vous avez **PERSONNELLEMENT** lus ou feuilletés **CETTE SEMAINE**, que ce soit chez vous ou en dehors de chez vous. Il importe peu qu'il s'agisse du plus récent numéro ou d'un numéro ancien.*

clair foyer	01	L'EXPRESS	24
(ÉCHO DE LA MODE) écho	02	France Dimanche	43
ELLE	03	(JOURS DE FRANCE) JOURS DE FRANCE	25
Femmes d'Aujourd'hui	04	MATCH	26
Femme Pratique	05	constellation	27
jardin Modes	06	Sélection Readers Digest	28
marie claire	07	HISTORIA	44
MARIE FRANCE	08	Lectures pour tous	45
Modes & travaux	09	l'echo de notre temps	46
MON OUVRAGE Madame	10	LE PÉLERIN DU 20e SIÈCLE	29
(Pour vous Madame / MODES DE PARIS) Édition HEBDOMADAIRE MODES de PARIS	11	LA VIE	30
(Pour vous Madame / MODES DE PARIS) Édition MENSUELLE MODES de PARIS	41	LE CHASSEUR FRANÇAIS	47
VOTRE BEAUTÉ	12	coopérateur de France	33
BonneSoirée	13	un jour..	34
chez nous	14	les parents	48
Confidences	15	nº age tendre	35
intimité	16	copains	36
Nous Deux	17	LA SEMAINE RADIO TÉLÉ	49
la maison de marie claire	20	télémagazine	37
Maison & Jardin	21	TÉLÉ POCHE	38
CUISINE MAGAZINE	42	(TÉLÉ 7 JOURS)	39
TOUT la cuisine à deux	23	Télérama	40

Je n'ai lu ou feuilleté cette semaine aucune de ces revues →	98

Fig. 4. — Relevé de lecture inclus dans un relevé d'achats de panel d'acheteurs. (Source : Secodip.)

A) *La publicité de positionnement*. — Positionner un produit, une marque, c'est le présenter comme la réponse à l'attente, au besoin, au désir de l'utilisateur potentiel, et si possible comme le seul à y répondre : c'est ce qui aide à distinguer une marque d'une autre dans un marché fortement concurrentiel. Cela veut dire que, lorsque les caractéristiques « objectives » de plusieurs produits sont semblables, le positionnement ne sera pas utilitaire, mais symbolique ou psychologique (8). Mais attention : étant donné l'importance capitale d'un positionnement et qu'il doit durer autant que le produit ou la marque, il faut qu'il résiste à l'usure et aux assauts de la concurrence, et même qu'on puisse le faire varier...

B) *La publicité d'investissement massif*. — Les marchés saturés comme celui des lessives sont le terrain d'une concurrence féroce, où 1 % de marché gagné ou perdu est un événement, étant donné les sommes en jeu. La publicité correspondante ne donne pas dans la nuance mais dans l'omniprésence obsessionnelle, l'objectif étant avant tout d'occuper le terrain, d'être davantage que les concurrents — ou au moins autant — dans l'esprit des utilisateurs (9). Cette publicité ne cherche pas à être originale ou créative, mais à maintenir la part de marché de l'annonceur plutôt qu'à l'augmenter. Elle ne peut y arriver que par l'investissement massif, en criant aussi fort — et si possible plus fort — que les autres.

C) *La publicité promotionnelle*. — Sur un terrain très concurrentiel, comme celui des produits de très grande consommation (yoghourts, lessives) ou celui de la grande distribution (hypermarchés), la publicité dans les grands media (affichage et presse principalement) va informer sur les actions promotionnelles à venir et en cours, et destinées, comme toutes les opérations de promotion des ventes (voir plus bas chap. V), à modifier le comportement des acheteurs potentiels pour qu'ils essaient le produit, à inciter les distributeurs à mieux le prescrire et le vendre, à favoriser l'activité commerciale pendant les périodes creuses du marché, etc. Les deux actions coexistent alors, promotionnelle pure d'une part, de publicité générale pour faire connaître la première d'autre part.

---

(8) En d'autres termes, laissant de côté la valeur d'usage, on mettra l'accent sur la valeur sociale ou la valeur imaginaire.
(9) Cela se mesure : taux de notoriété, de mémorisation, couverture, répétition, taux de rachat et de fidélité (voir plus bas media et supports, et contrôle de l'efficacité publicitaire).

Deux autres comportements publicitaires existent encore, plus ou moins pratiqués selon le cas, le type de produit, et la législation :

— *L'imitation* : Certains produits sont tellement banals et peu impliquants que les annonceurs comptent surtout sur l'effet de pression constante pour être présents à l'esprit de l'acheteur. Une des conséquences de cela est justement la banalité et la similarité de la publicité (piles électriques, lessives) : mêmes media, mêmes supports, même langage ou code publicitaire. Mise à part la pauvreté de la création, il n'y a pas grand-chose à dire pour ce qui concerne le choix identique des media et supports, puisqu'on s'adresse à la même cible exactement. Par contre, il ne faut pas forcément imiter, pour des produits ou services plus différenciés, ce que font le leader ou d'autres concurrents, mais au contraire essayer de sortir de la masse... sauf à être capable de détourner à son profit les bonnes idées de la masse, ce qui se retourne parfois contre soi.

— *La publicité comparative* : En clair, cela veut dire : « Nous sommes meilleurs que les autres, ou qu'un tel. » En France, cela est interdit, bien que certains le fassent de manière allusive, et la profession en général est formellement contre (voir Annexe II-1), quoique partisans et adversaires aient tous deux de bons arguments à faire valoir.

III. — Le choix des objectifs de communication

Les objectifs assignés à la communication — à ne pas confondre avec les objectifs de marketing, qu'ils aident à réaliser — sont de :

— faire savoir que tel produit, telle marque existent ; qu'ils ont telles caractéristiques, qu'on les trouve à tel endroit, à tel prix... ;

— faire envisager l'acquisition de ce produit/de cette marque, en argumentant (publicité dénotative) ;
— donner envie de ce produit/de cette marque en faisant rêver, imaginer... (publicité connotative).

C'est-à-dire de convaincre l'acheteur potentiel, de l'inciter à modifier ses attitudes dans un sens favorable, ce qui entraînera le comportement positif cherché, l'achat.

Les objectifs doivent être exprimés en termes précis et si possible quantifiés, de façon qu'ils puissent se prêter à l'évaluation — sinon à la mesure — de leur impact. En voici quelques exemples :

— créer une image à un produit nouveau ;
— améliorer l'image d'un produit existant ;
— faire passer la notoriété de la marque de 25 à 50 % auprès d'une cible de jeunes femmes de vingt à à vingt-cinq ans ;
— faire utiliser, consommer, acheter le produit pendant les périodes creuses de la demande (glaces en hiver) ;
— intéresser un segment de clientèle inexploité jusqu'alors ;
— éliminer un frein à l'achat, conséquence d'un préjugé, etc.

Un délai doit aussi être fixé, même s'il est grand — une ou plusieurs années pour améliorer une image et fidéliser une clientèle.

IV. — **La détermination des cibles**

La cible, c'est ce qu'on vise. En matière de communication, ce sont les personnes à qui on veut transmettre le message publicitaire de la manière la plus précise possible, afin d'éviter de déborder, ce qui entraîne inefficacité et coûts inutiles (voir plus bas : le choix des media et supports).

En termes de marketing, on sait que le marché est ainsi composé :

— *Des produits-fonction, produits-marché*, notions qui seules sont opérationnelles, puisqu'un produit qui ne répond à aucune attente n'est pas vendable, et qu'une attente insatisfaite n'est encore qu'un marché potentiel : un produit au sens du marketing n'existe que s'il correspond à une attente, à un besoin, à un désir.

— *Des concurrents* qui commercialisent également des produits correspondant à ces attentes et besoins.

— *Des intermédiaires, les distributeurs*, grossistes et détaillants, qui relaient l'action des producteurs en mettant les produits à la disposition des acheteurs.

— *Des utilisateurs-consommateurs-acheteurs* potentiels de trois sortes :

— utilisateurs ou consommateurs ou acheteurs des produits de la firme ;
— utilisateurs ou consommateurs ou acheteurs des produits concurrents ;
— utilisateurs ou consommateurs ou acheteurs potentiels qui pourraient acheter ou consommer mais ne le font pas, quelle qu'en soit la raison : on les appelle *non-consommateurs relatifs*.

— *Des non-consommateurs absolus* (parce qu'ils ne le peuvent pas, parce que ce n'est pas permis, etc.) qui peuvent cependant parler du produit, de manière positive ou négative.

— *Des personnes, physiques ou morales*, dont l'influence est déterminante dans l'acquisition ou l'utilisation-consommation des produits :

— *les prescripteurs* (professeurs, médecins, architectes, ingénieurs...) ont une influence qu'on peut qualifier de totale, car ils imposent leur choix ;
— *les conseillers ou préconisateurs* n'imposent pas, ils suggèrent fortement (l'installation de chauffage central) en raison de leur métier et de leur « expertise » ; les distributeurs peuvent aussi jouer ce rôle d'influence ;
— *les leaders d'opinion*, qui sont de deux sortes :

– ceux qu'on imite en raison de leur statut social (notables, vedettes) ;
– ceux qu'on imite parce qu'on fait partie — ou qu'on veut

faire partie — d'une groupe social, et qu'ils sont un modèle qui nous ressemble ou auquel on veut ressembler — à l'intérieur de ce groupe social (10).

— *les influenceurs institutionnels* (pouvoirs publics, législateur, associations de consommateurs) ont le plus souvent une « prescription négative », c'est-à-dire qu'ils déconseillent plutôt qu'ils encouragent : un cas typique est celui des tests comparatifs, où, pour un produit éventuellement loué, la plupart voient leurs insuffisances et leurs défauts mis en lumière.

Les cibles de communication seront déterminées chez les utilisateurs-consommateurs, les acheteurs, les distributeurs, les prescripteurs de toutes natures.

De ces trois cibles, les distributeurs sont les plus faciles à connaître et à répertorier ; de plus, les producteurs sont en rapports d'affaires avec eux.

Les prescripteurs sont parfois difficiles à repérer, et surtout à toucher convenablement : il faut en effet les influencer pour qu'ils influencent, les convaincre, les séduire... Et on ne s'adresse pas à eux de la même manière selon qu'il s'agit de produits de grande consommation, de biens durables destinés aux particuliers, ou de biens et services industriels et professionnels (11).

Les acheteurs utilisateurs potentiels forment quantitativement le gros de la cible et les critères qui servent à les décrire et à les segmenter ont beaucoup évolué depuis les années 60 :

— Une première approche utilise des *critères sociodémographiques, géographiques, d'équipement et de consommation :*

— Le sexe, l'âge (7 catégories), la catégorie socioprofessionnelle (soit les 8 de l'INSEE (12), soit les 4 des sociétés de panels (13)), le type d'habitat (urbains, ruraux...), la région, le nombre de personnes du foyer et le nombre d'enfants de moins de quinze ans du foyer.

(10) Voir l'étude de E. Langeard, Le leadership d'opinion et la publicité de bouche à oreille : une exploration dans le domaine de la communication interpersonnelle, IREP, Journée d'études, 1976.
(11) Voir à ce sujet : A. Dayan, Le marketing industriel, coll. « Que sais-je ? », n° 2036, PUF, 3e éd., 1991.
(12) Agriculteurs exploitants, salariés agricoles, professions indépendantes, cadres supérieurs, cadres moyens, employés, ouvriers, inactifs.
(13) A (les plus aisés), B, C, D (les plus modestes).

— Les enquêtes ponctuelles, les enquêtes périodiques et les enquêtes permanentes comme les panels permettent d'établir des corrélations entre les caractéristiques socioprofessionnelles, le taux d'équipement en appareils électroménagers et autres et la consommation des biens courants, ainsi qu'avec la fréquentation des media et des supports.

— Une autre approche cherche à utiliser des *critères* « *psychographiques* », tels que les motivations d'achat (pour l'économie, le prestige, la commodité d'utilisation), les taux d'utilisation (gros, moyen, petit utilisateur), la personnalité (anxieux, jovial, autoritaire, introverti, extraverti)...

— L'approche par les *styles de vie*, concept qui cherche à déterminer comment un individu, avec ses motivations et besoins propres, ses préjugés et ses habitudes, son éducation et l'ensemble des influences diverses qui se sont accumulées et stratifiées en lui, sans parler de ses rêves et de ses utopies, s'intègre à un moment et dans un contexte donné dans une société en mutation permanente, qu'il s'agisse de l'économique, du technologique, du culturel ou du politique, est issue des travaux de psychosociologues américains (14), puis français (15). Ces chercheurs essaient de « définir le consommateur en situation spatio-temporelle d'acculturation » (16) : ces styles de vie sont les symboles et les langages, les opinions et les attitudes, les comportements d'adaptation des individus aux courants socioculturels.

Cela a conduit, par le refus du « Français moyen », du « Français atomisé », tantôt automobiliste, tantôt

(14) Linton (Problems of status personality) en 1949 ; Kardiner (The individual and his society, 1955) ; Yankelowitch à la fin des années 60...

(15) B. Cathelat, M. Burke, C. Matricon, L. Plettener, Les styles de vie du futur. Pour un marketing de mouvement dans un environnement changeant, document CCA-Eurocom, Paris, 1974, et de nombreuses autres publications.

(16) B. Cathelat, Pour une prospective sociale des styles de vie, Payot, 1977.

téléspectateur, tantôt « vacancier »... des enquêtes sectorielles habituelles, à la prise en compte de la diversité et de la complexité de chacun dans l'ensemble de son comportement, de son style de vie, afin d'y adapter produits et communication commerciale. Il est donc important de savoir comment se déterminent lecteurs et auditeurs dans leur choix.

Les chercheurs du CCA (17) ont défini treize flux ou courants majeurs de l'évolution socioculturelle de la France actuelle, regroupés en quatre « mentalités » : utilitariste, de sécurité, de progrès, de décalage ; projetés sur deux axes explicatifs des styles de vie, on aboutit en quelque sorte à quatre microcultures, différentes par leur système de valeurs, leur langage, leurs attitudes, leurs motivations et leur comportement :

— *La mentalité utilitariste* se caractérise par une consommation d'accumulation, stéréotypée ; la recherche de l'économie, du bon rapport qualité-prix, de la qualité utilitaire ; un individualisme xénophobe, un attachement aux traditions et un respect passif des structures en place.

— *La mentalité de sécurité passive ou de recentrage* se caractérise par la recherche de l'équilibre de la vie privée, de relations humaines et sociales sans conflit, d'un ordre naturel matériel et social ; sensible aux offres de services et d'information, elle est peu ouverte à l'innovation et au progrès sauvage.

— *La mentalité de progrès ou d'aventure* se caractérise par la priorité accordée à la production et à la consommation, le goût des voyages et de l'innovation, l'esprit d'entreprise.

— *La mentalité de décalage* se caractérise par la recherche du plaisir ; elle est très ouverte au change-

(17) Centre de communication avancée du groupe Eurocom, animé par B. Cathelat.

ment et dépense pour avoir la jouissance immédiate :
elle voudrait « tout et tout de suite », se nourrit
volontiers d'imaginaire, d'irrationnel, de BD et de SF...

Faut-il préciser que si la première approche, par
les critères socio-économiques, paraît *a priori* un peu
trop fruste et mécaniste (18), ils demeurent cependant, en raison de leur simplicité et de leur facilité
de mise en œuvre, les plus employés pour l'étude des
marchés comme pour celle de l'audience des media et
supports, ce qui n'empêche pas les autres approches
d'être utilisées dans de nombreux cas, et de plus en
plus souvent, car non seulement ces différentes approches ne sont pas exclusives l'une de l'autre, mais
elles se complètent et s'enrichissent mutuellement.

V. — La politique de communication

Cela dit de la segmentation des cibles, quelle politique de communication adopter vis-à-vis d'elles ?

On calquera pour les différentes cibles la politique
de communication sur la politique de marketing appliquée aux segments de clientèle correspondants. On
distingue ainsi trois politiques de ciblage :

A) *La politique indifférenciée,* lorsque l'ensemble des acheteurs
potentiels ont des attentes relativement proches, en tout cas pas
incompatibles : les messages publicitaires porteront alors une promesse commune (voir plus bas : la création), non pas moyenne,
mais capable de rassembler autour d'elle les attentes — les grands
media véhiculant cette campagne, des media ou supports plus spécifiques étant chargés de s'adresser de manière plus proche de leur
attente propre aux différentes cibles qu'on aura détectées. Cette
politique sera par exemple appliquée sur des marchés où la
demande est encore étroite et peu différenciée, ainsi que sur des

---

(18) Deux chercheurs, J. N. Kapferer et G. Laurent, ont montré à travers
leur analyse comparative entre les systèmes de segmentation : « Les décalés
et jouisseurs n'ont pas enterré les cadres supérieurs et les cols bleus »
(Stratégies, n° 29), que le pouvoir prédictif de ces critères pouvait être supérieur à celui des critères socioculturels.

marchés en phase de maturité mais où les attentes sont également peu différenciées et la concurrence faible (19).

B) *La politique différenciée* est souvent le résultat d'une lutte concurrentielle sur un marché en phase de croissance où la demande est large et les attentes susceptibles de se différencier (20) : l'annonceur s'adresse alors de manière spécifique à chaque segment qui l'intéresse grâce à une gamme de produits, et adapte à chacun le message approprié à la cible à laquelle il est destiné. « En fait, le coût parfois élevé de cette politique limite le niveau d'adaptation de l'offre : tantôt ce sera le produit qui jouera le rôle d'adaptation spécifique au segment, tantôt la communication, tantôt le circuit de distribution ou une combinaison d'un ou plusieurs de ces éléments » (21).

C) *La politique concentrée* est une variante de la politique différenciée, mais au lieu de s'adresser à de nombreux segments, on les réduit et on adapte une politique de *marketing-mix*, donc de communication également, à chacune des cibles (22).

D) On distingue aussi plusieurs politiques de communication, selon la phase de son cycle de vie dans lequel se trouve le produit-marché (fig. 5 et 6).
— *Phase 1, lancement, décollage :* La communication est à soigner particulièrement, car c'est une phase cruciale dans la vie du produit. Les cibles à privilégier sont ici les prescripteurs de tous ordres et les distributeurs. La pression publicitaire doit en général être assez intense pour procurer au produit suffisamment de notoriété (23), et elle se combinera lorsque ce sera approprié, avec une campagne de promotion destinée à faire essayer le produit.

---

(19) C'est le cas en France sur le marché des petits déjeuners maltés, peu évolutif, que les deux concurrents Ovomaltine et Tonimalt se partagent en quasi-totalité sans avoir jamais pu différencier la demande de manière significative (exemple cité dans Dayan, Bon, Cadix, de Maricourt, Michon, Ollivier, Marketing, op. cit.).
(20) Un exemple typique est celui de l'automobile où, depuis les années 70, Renault et les autres constructeurs français essayent de s'adapter à chaque segment de clientèle identifié.
(21) A. Dayan, J. Bon, A. Cadix, R. de Maricourt, C. Michon, A. Ollivier, Marketing, op. cit.
(22) C'est ce que font : Kodak pour ses Instamatic destinés à « tous les publics », ou Porsche, Nikon, Nagra, Revox pour leurs produits « haut de gamme ».
(23) Si c'est un produit de consommation, ou si sa diffusion peut être assurée rapidement par le producteur.

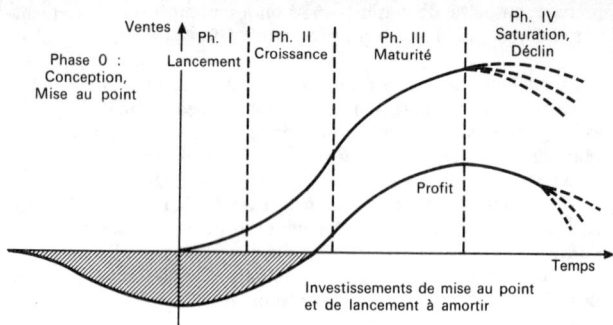

Fig. 5. — Le cycle de vie du produit (ventes, bénéfices).

— *Phase 2, croissance et développement :* La politique de communication doit tenir compte dans cette phase des enseignements de la phase précédente et des résultats du contrôle et de l'évaluation de l'efficacité de la publicité et de la promotion (notoriété, image, pouvoir de conviction...) pour corriger le tir le cas échéant. La pression publicitaire doit être maintenue, bien qu'à un degré un peu moindre.

— *Phase 3, maturité :* Le produit est installé sur son marché, il s'agit de s'y maintenir, de défendre sa place, voire de gagner encore des acheteurs, primaires ou secondaires. Selon la concurrence régnant sur le marché et la position de l'annonceur, il pourra se contenter d'une publicité d'entretien — dans certains cas de prestige également — ou il devra maintenir la pression pour ne pas laisser sa place à des produits nouveaux de la concurrence, et lorsque le produit s'y prête déclencher périodiquement des actions promotionnelles.

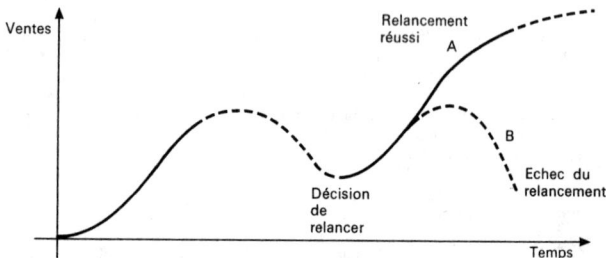

Fig. 6. — Relancement d'un produit.

— *Phase 4, saturation et déclin :* Il ne faut surtout pas laisser mourir le produit, ou alors le retirer du marché ; si on le maintient pour des raisons d'écoulement du stock ou autres, il faut le soutenir un minimum voire le relancer, de façon à lui procurer un regain de vie, même limité dans le temps... Une pression publi-promotionnelle peut être pratiquée, à condition qu'elle rapporte plus que ce qu'elle coûte.

VI. — **La campagne de publicité**

1. **Le plan de campagne.** — Les choix de marketing, le choix des objectifs de communication, la détermination des cibles à toucher et celle de la politique de communication à adopter pour cela aboutissent à la conception de la campagne de publicité qu'on matérialisera par un document écrit, le plan de campagne, comprenant les points suivants :

— *La question à résoudre* et son environnement : l'annonceur, sa stratégie générale, sa politique de marketing et de communication, ses objectifs de marketing, la concurrence, ses produits et ses politiques...

— *Les cibles* à atteindre et *les objectifs de communication* : à qui voulons-nous transmettre un message, lequel et avec quel effet ? (fig. 7).

— *L'axe* et *les thèmes* de la campagne, fonction de l'objectif de marketing : si cet objectif est d'étaler les ventes d'un produit saisonnier (les glaces), l'axe publicitaire peut être de proposer une nouvelle motivation de consommation autre que le simple plaisir, la valeur nutritive ; le thème — un dessert familial — représentera concrètement l'abstraction de l'axe. Bien entendu, on essaie de présenter à ce stade de la conception plusieurs thèmes et plusieurs formulations créatives.

— *Le plan-media* et *le calendrier* : ce plan de campagne prévisionnel comporte une proposition de choix

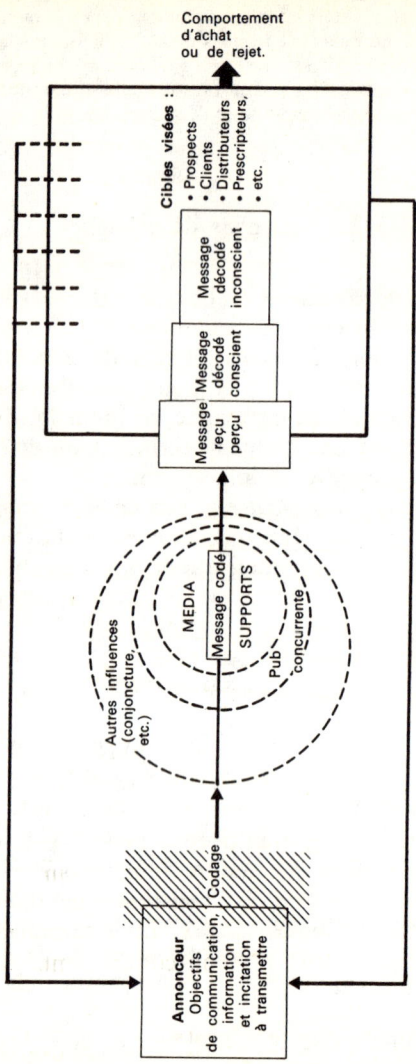

En amont de la communication : étude quantitative et qualitative du marché, étude de l'exposition aux supports, étude des motivations et des freins pour connaître les attitudes et en déduire les comportements prévisibles.

En aval de la communication, réponse en feed-back :
— conduite d'achat ou de rejet ;
— rétroaction en cas de post-tests publicitaires.

Fig. 7. — La communication commerciale. Qui (émetteur codeur), dit quoi (message codé), à qui (récepteur décodeur), par quel canal (support codeur), avec quelles conséquences

46

de media et de supports elle-même prévisionnelle et schématique.

— *Les actions complémentaires* de la publicité proprement dite : actions promotionnelles, p.l.v., édition de brochures, catalogues, etc., salons ou expositions, opérations de relations publiques... et leur articulation avec la campagne, de façon à obtenir une cohérence et même une synergie de l'ensemble.

— *Les actions de contrôle* à prévoir pour évaluer l'efficacité de la communication et de la promotion (pré-tests, post-tests).

— *Le budget* nécessaire pour atteindre les objectifs fixés, et son affectation par type d'opérations prévues et par période calendaire.

2. **La création publicitaire.** — « Dites la vérité, mais rendez-la fascinante », conseille David Ogilvy dans ses *Confessions* (24).

« Ne vendez pas une livre de viande, vendez l'odeur de bifteck qui grésille » (25).

Et l'agence Dupuy-Compton faisait dans les années 70 sa propre publicité avec une annonce en lettres blanches sur fond noir ainsi rédigée : « Une bonne annonce est souvent faite d'un titre, d'une image et d'un texte. Exactement comme une mauvaise annonce. »

Voici ce que disent deux chercheurs (26) : « Le message peut s'analyser en deux parties. L'une qui, correspondant à l'aspect informatif de la réclame, est consciemment enregistrée et peut faire l'objet d'une délibération rationnelle ; l'autre, représentant l'aspect suggestif de l'annonce, est constituée de représentations et de symboles latents. La communication s'établit donc à deux niveaux complémentaires, au

(24) Ed. Hachette, 1964.
(25) Elmer Wheeler, Tested sentences that sell.
(26) B. Cathelat et A. Cadet, La publicité, de l'instrument économique à l'institution sociale, op. cit.

Mapa : affiche

Gants Mapa : offrez-vous une paire de lave-vaisselle.

mapa

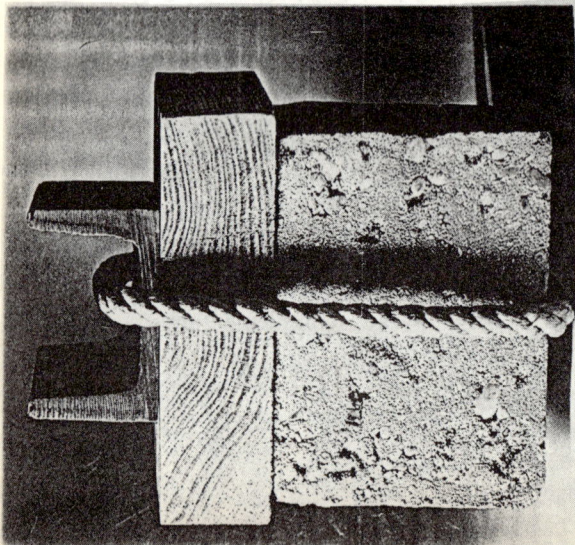

pour lier le second œuvre au gros œuvre : les techniques SPIT

Installateurs, restez spécialistes à 100%. Spit a résolu pour vous tous les problèmes de scellement et met à votre disposition d des équipements beaux, robustes d des scellements instantanés, précis, définitifs. Un problème sur chantier? Soumettez-le à Spit. 50 Agences en France. Spit-Direction Internationale - 26 Bourg-lès-Valence - tél.(75) 43.36.14

niveau manifeste et au niveau du signifié latent, au-dessous du niveau du langage et de la conscience (...). Pour la suggestion du consommateur, le contenu latent (...) semble d'une importance majeure (...). Ce qui revêt de l'importance, tant pour le publicitaire qui y cherche l'efficacité, que pour le client qui y trouve une satisfaction fictive à ses besoins, c'est la signification symbolique du produit, les valeurs qui s'y trouvent artificiellement rattachées en une image cohérente ».

Pourtant, si l'analyse sémiologique de la publicité, c'est-à-dire du sens véhiculé par les différents éléments du message, sert à comprendre l'expression publicitaire *a posteriori*, elle ne permet pas de trouver des règles de création, et les créatifs eux-mêmes seraient souvent bien surpris des sous-entendus et des connotations qu'on peut prêter aux messages qu'ils ont créés (27).

Cela étant, on peut tout de même appliquer des procédures qui aboutissent par étapes à la création de messages, cela pour la simple raison qu'à l'origine de toute publicité il y a un annonceur avec son produit, ses concurrents, ses acheteurs potentiels, ses objectifs et ses contraintes... et que la publicité doit en tenir compte.

A) *La plate-forme rédactionnelle*. — Ce qui précède tient en un document, appelé à l'origine *copy-platform* ou plate-forme rédactionnelle, puis *copy-strategy* (copy-stratégie dans le jargon des agences), document de base qui définit le contenu de ce qu'il faut communiquer à l'acheteur, et qui tient en quatre points :

— *La promesse* ou *proposition*, ou avantage pour l'acheteur (tenue de route d'un véhicule, robustesse d'une machine, précision d'un outil...).

(27) A. Dayan et al., Marketing, op. cit.

— *La justification, preuve* ou *support* de la promesse, qui seront apportés par :

— la démonstration : on montrera la précision de la découpe faite par l'outil ;
— la comparaison : on montrera deux découpes faites à l'aide de deux outils différents ;
— le témoignage : celui du chef de fabrication ou du responsable du bureau d'études ;
— la description du produit : le dessin coté ou la photo en gros plan du détail qui fait la supériorité du produit sur ses concurrents.

— *La cible* précise à laquelle on s'adresse.

— *Le ton* ou *style* des messages, car il vaut mieux qu'il y ait consonance dans l'esprit des destinataires entre le produit et l'image qu'on veut en donner.

La première période de la *copy-strategy*, les années 60, coïncide avec une très grande expansion économique dans les pays développés et les recherches appliquées à la publicité et aboutissant, par l'emploi généralisé de « tests en aveugle », à la définition pour chaque produit de « performances » et de « préférences ». La publicité est alors celle qui s'adresse à la fois au modèle d'acheteur rationnel et à celui d'acheteur conditionné (p. 10).

Une « théorie » était très en vogue à cette époque, celle de la *unique selling proposition* (28), qui préconise en substance ceci :

— Le message publicitaire ne doit pas être du vent ou de la poudre aux yeux, mais dire clairement quel avantage spécifique on retirera de l'achat du produit.

— La proposition sera exclusive (et non pas unique, comme on le comprend et le traduit trop souvent), soit parce que les concurrents ne l'utilisent pas pour le

(28) La USP est le fruit de la réflexion de l'agence Ted Bates et de Rosser Reeves, publicitaire américain : Le réalisme en publicité, Dunod, 1963.

même type de produit, soit parce qu'ils ne le peuvent pas, leurs produits ne le justifiant pas.

— La proposition ne marchera que si elle est assez forte et motivante pour convaincre les prospects d'acheter.

Tout cela (29) a très bien fonctionné jusqu'au début des années 70, bien que les éléments subjectifs, affectifs, des produits et services fussent très peu mis en avant, et que l'environnement culturel, social, économique n'eût pas sa place dans ce type de publicité.

La deuxième période de la *copy-strategy* coïncide avec la première crise du pétrole à partir de 1973, et l'évolution des mentalités dans les pays développés. A l'euphorie de la croissance succèdent les doutes et les inquiétudes nés de la crise, les recherches de psychosociologie appliquées à la publicité mettant en lumière l'existence de groupes nombreux qui refusent — plus ou moins partiellement, plus ou moins clairement — les valeurs culturelles et sociales qui étaient jusqu'alors la norme.

Le marketing, et donc la communication, s'y sont adaptés, et dans le cas de la *copy-strategy*, le changement réside dans l'utilisation plus fréquente qu'auparavant, jusqu'à devenir systématique, *d'avantages* (promesse ou proposition) dont l'aspect psychologique et symbolique (et non plus rationnel) est prédominant, *de justifications* moins hédonistes mais plus acceptables sur un plan économique ou social, d'un

---

(29) L'agence américaine Young & Rubicam — et un certain nombre d'agences par la suite — a remplacé la *copy-strategy* par le « plan de travail créatif » (PTC) qui ajoute simplement, sur le même document, des éléments concernant la concurrence, les media, les objectifs publicitaires. Faut-il préciser que bon nombre de créatifs déclarent se passer de tout document de ce genre (bien qu'ils reconnaissent qu'ils ont besoin de savoir ce qu'il faut transmettre et à qui) mais que cela ressemble surtout à de la coquetterie de vedette : les enjeux économiques sont trop importants pour les laisser à la seule inspiration des « créateurs publicitaires », aussi talentueux soient-ils.

style rassurant, lénifiant, « copain », qui cherche avant tout l'adhésion du consommateur (30).

B) *L'argumentation publicitaire.* — Nous venons de voir que dans les années 60, la USP et la publicité s'appuyant sur la rationalité et le conditionnement de l'acheteur étaient les plus utilisées, et que, depuis les années 70 et 80, c'est au contraire une publicité « projective », plus symbolique et connotative, une publicité du conformisme, s'appuyant sur les concepts de style de vie et de courant socioculturel, qui sont prédominantes.

Nous avons également vu qu'aucune approche n'est exclusive des autres, et que tous les types de publicité coexistent pour un même produit (segments de clientèle différents qu'il faut toucher de manière différente), voire même dans certains cas dans un même message.

Voici donc quelques éléments que doivent réunir ces messages publicitaires, chacun pour ce qui le concerne et selon le type de communication, le style, etc., qu'ils souhaitent adopter :

— *L'information* (la puissance, la consommation horaire, le nombre de revendeurs d'un réseau) uniquement factuelle peut être suffisante, si elle est bien représentée (« dites la vérité, mais rendez-la fascinante »), pour entraîner la conviction de l'acheteur lorsque la variable cognitive (l'information) est déterminante dans son comportement.

— *La répétition* destinée à obtenir une forte remémoration de la marque (« le pneu Michelin boit l'obstacle » ; « la pile Wonder ne s'use que si l'on s'en sert » ; « Dubo, Dubon, Dubonnet »), pour

---

(30) Aimer c'est partager (Bière 33 Export) ; La journée sera meilleure (Régilait) ; Le bon sens près de chez vous (Crédit agricole) ; Avec le nouveau chéquier, je suis tranquille (CIC) ; Comptez sur les choses simples (Préfontaines).

obtenir l'achat de l'acheteur conditionné à la longue et réagissant dès lors de manière un peu mécanique — ce qui est bien le cas pour les produits de grande consommation, de prix et d'implication faibles.

— *L'appel à la raison*, où on cherche à convaincre en argumentant et qui constitue le gros des messages publicitaires de toutes sortes.

— La présentation, explicite ou symbolique, *d'avantages* s'adressant à *l'affectivité*, à *l'émotion*, aux *motivations profondes, conscientes et inconscientes*, au *néo-conformisme* mis en lumière par les recherches sur les styles de vie.

Et voici quelques critères d'efficacité à respecter par toute campagne, qui doit :

— correspondre à l'image que l'annonceur veut donner de son produit ;
— exprimer « clairement » les idées souhaitées — qu'elles s'adressent à la raison, à l'affectivité, au conformisme social ;
— être à la portée de la cible visée (langage, code social...) ;
— être convergente avec les opinions de la cible, car il est très difficile de remonter un courant d'opinion, et en attendant un hypothétique succès, cela peut être néfaste pour l'efficacité publicitaire ;
— être crédible, ne pas exagérer, ne pas mentir, permettre dans la mesure du possible de vérifier ses dires ;
— être originale... mais attention : « plus un message est redondant, moins il est original (...) la redondance peut être considérée comme un surplus d'information, inutile à la formulation exacte d'un message, mais nécessaire à son exacte compréhension (...). Il faut donc que le message trouve un équilibre entre le défaut et l'excès d'information. Pratiquement la redondance optimale

s'obtient par la répétition, et son dosage par le recours à des mots du langage courant préférés aux mots rares, par la complémentarité entre l'image et son commentaire écrit ou parlé, et par tous autres procédés similaires » (31). Autre écueil de l'originalité : on risque de ne remarquer et ne retenir que l'originalité de la publicité et non la marque du produit... ! ;

— être identifiable, c'est-à-dire permettre aux destinataires de faire le lien avec le produit ;

— être cohérente d'un bout à l'autre, ainsi qu'avec les autres actions entreprises — dont celle de la force de vente de la firme ;

— et être déclinable dans le temps, pour profiter pendant plusieurs années d'une bonne idée, tant qu'elle est valable et qu'elle n'a pas lassé la cible visée.

ANNEXE II-1. — *La publicité comparative*

Couramment employée aux Etats-Unis, au Canada, en Australie (32), redoutée et honnie en France par les professionnels de la publicité et par l'Union des annonceurs (les plus gros), souhaitée par les associations de consommateurs... Que faut-il en penser ?

Tout d'abord que les articles 422 du Code pénal et 1382 du Code civil rendent son exercice extrêmement périlleux... mais qu'une commission d'étude (33) ministérielle s'y est déclarée plutôt favorable, bien qu'avec des réserves, en 1978.

Ceux qui sont contre ne manquent pas d'arguments :

— Si elle est déloyale, une publicité comparative aura si rapidement des conséquences tellement graves pour les concurrents visés que la sanction juridique ne pourra pas compenser le préjudice commercial.

(31) M. Dubois, La publicité en question, Bordas Connaissance, n° 41, Paris, 1972.

(32) Ainsi que légale avec des restrictions mineures au Danemark, en Suède et en Grande-Bretagne, elle est soumise à des restrictions majeures aux Pays-Bas et en RFA, et pratiquement illégale en France, en Italie, en Belgique et au Luxembourg.

(33) Commission d'étude : « Rôle, responsabilité et avenir de la publicité », La Documentation Française, 1978.

Fiat, Datsun, Vauxhall and Leyland all get you here quicker.

Pour garder la forme, mangez la chair d'un grand sportif.

Riche et léger, le poisson.

— La publicité comparative sera une source intarissable de conflits et de procès entre annonceurs (c'est en partie le cas aux Etats-Unis).

— La comparaison d'éléments « factuels et objectifs » comme les prix sera elle-même un facteur de trouble sur le marché : les distributeurs modifieront en effet leurs prix sans arrêt en réponse immédiate à la publication de ces « informations » publicitaires.

— Pour ce qui concerne les éléments subjectifs (goût, esthétique) la comparaison ne peut être que contestable.

— Elle risque de ne porter que sur des éléments secondaires, pour ne pas aborder ceux qui sont vraiment importants (rapport qualité-prix, service après vente...).

— Elle ne serait en fin de compte que peu efficace sur le plan commercial...

Ceux qui sont pour mettent en avant un certain nombre de raisons et de principes :

— La publicité comparative doit permettre une meilleure information du public.

— Elle favorisera la concurrence, car les petites entreprises pourront plus facilement comparer leurs produits à ceux des grosses firmes dominantes.

— Dans la communication personnelle, celle que pratiquent les vendeurs en magasin et en clientèle, on fait en permanence et ouvertement de l'argumentation comparée — et personne n'y voit rien à redire : n'est-ce pas faire de la discrimination à l'égard de la publicité dans les media ?

La raison nous dit que la publicité comparative, maniée sans discernement, ne peut être effectivement qu'une source de conflits, sans que pour autant le consommateur en soit bénéficiaire. Dans les pays où elle est permise, elle ne représente d'ailleurs, pour l'ensemble des media — mais la presse est son medium privilégié —, qu'environ 5 % de l'investissement publicitaire.

Sur le plan de la qualité de la création une bonne campagne comparative peut, si elle est faite astucieusement ou avec humour, avoir un grand impact : c'est bien le cas de Avis — le deuxième — se mesurant aux Etats-Unis contre Hertz, le premier loueur de voitures. Mais les réussites de ce type sont rares parce que difficiles (34).

(34) Voir le dossier « La publicité comparative », Grand Prix de la Publicité, 1982, Ecole supérieure de Commerce de Paris.

CHAPITRE III

MEDIA ET SUPPORTS

« Golbasto momaren evlamegurdilo shefin mully
ully gue. »

Les supports sont le véhicule du message publicitaire. Un medium est l'ensemble des supports de même nature : le medium presse réunit ainsi tous les journaux et revues quelle que soit leur périodicité. On distingue habituellement cinq « grands media » : la presse, la télévision, l'affichage, la radio et le cinéma — par ordre décroissant d'importance —, les autres media (salons et expositions, publipostage, etc.) étant appelés « hors media » lorsqu'il s'agit de produits destinés au grand public, alors qu'ils ont au contraire une très grande importance dans la communication commerciale industrielle et professionnelle.

I. — Caractéristiques des media

1. **La presse.** — Avec moins de 50 % des dépenses publicitaires, la presse est le premier medium, bien qu'en perte de vitesse devant la montée des media comme la télévision (1).

A) *La presse quotidienne nationale* est essentiellement composée de titres parisiens — une dizaine — très hétérogènes quant à leur répartition dans l'espace, leur audience, la part de la publicité dans leur chiffre d'affaires (2).

B) *La presse quotidienne régionale*, assez concentrée, n'a guère de concurrents dans ses fiefs, où elle diffuse de nombreuses éditions « locales » du même titre (36 pour *Ouest-France*) et où elle bénéficie d'une grande fidélité — quelle qu'en soit la raison — de la part de ses lecteurs.

(1) En 1994, la répartition des investissements publicitaires en France s'est ainsi faite : presse 48 %, télévision 32 %, radio 8 %, affichage 12 %, cinéma 0,6 % (source : IREP).
(2) De 10 % pour La Croix à 75 % pour Le Figaro, par exemple.

La presse quotidienne nationale, bien qu'intéressante en raison de son caractère sélectif (vis-à-vis de catégories socioprofessionnelles — cadres, par exemple — de lecteurs ayant des centres d'intérêt communs — finances, sport...), subit une forte concurrence à l'intérieur d'elle-même comme de la part d'autres media (la télévision), ce qui entraîne depuis quelques années une mévente et des difficultés de gestion pour certains titres.

La presse quotidienne régionale au contraire se porte bien — les concentrations y sont pour quelque chose — car elle ajoute à sa très grande sélectivité géographique une bonne pénétration des marchés régionaux et en général une bonne qualité de relation avec ses lecteurs (3).

C) *La presse « magazines »* : Bien qu'il s'en crée de nouveaux régulièrement et que certains prospèrent (4), ces supports ont dans l'ensemble pâti de la télévision, surtout la presse féminine grand public (5).

D) *La presse technique et professionnelle*, vecteur privilégié de la communication en milieu industriel, se divise en *presse technique générale*, utilisable pour commercialiser des produits destinés de manière indifférenciée à de nombreuses firmes utilisatrices dans des secteurs très différents (appareils de manutention, outillage à main, compresseurs...) ; et en *presse technique spécialisée* dont les supports, en raison de leur très grande sélectivité, s'adressent à la cible visée selon deux approches : par *branche professionnelle* ou *spécialisation sectorielle* (bâtiment, transport...) ; par *technique spécifique* ou *spécialisation fonctionnelle* (manutention, cryogénie, stockage, soudage...).

E) *La presse gratuite* : Les années 70 ont vu l'apparition, puis le développement rapide (6) de très nombreux journaux locaux gratuits de petites annonces et d'annonces publicitaires, où la concentration a également sévi, une dizaine de groupes se partageant la moitié du marché parisien et de province.

(3) Elle sait toutefois que certains media récents pourraient lui ravir une partie de ses recettes publicitaires, comme la télématique par exemple, pour ce qui concerne les petites annonces, et la télévision pour ce qui concerne la distribution.
(4) Comme la « presse de la télévision » : 10 millions de lecteurs chaque semaine pour Télé 7 Jours.
(5) C'était avant la publicité à la télévision (1968) le vecteur privilégié des plus gros annonceurs (produits de grande consommation alimentaire, d'équipement et d'entretien du foyer) pour atteindre les ménagères, centre de leur cible.
(6) D'environ 80 en 1970 à environ 500 en 1985.

La publicité induit vis-à-vis de la presse des effets pervers que des observateurs ont relevés depuis longtemps : « Le journal, dit-on souvent, est un produit vendu deux fois : il l'est simultanément aux lecteurs et aux annonceurs. On pourrait dire aussi, plus cyniquement, que l'entreprise de presse vend son journal aux lecteurs, et ses lecteurs — ou tout au moins leur pouvoir d'achat, ce que les publicitaires appellent le « capital lecteurs » — aux annonceurs.

En 1970 (...) 67 % de l'argent dépensé en France pour la publicité ont été versés à la presse écrite (dont le tiers est allé aux quotidiens). (Ils) reçoivent toujours une part appréciable (de cette publicité), mais le sens de l'évolution récente est grave pour eux : en 1959, ils recevaient 60 % de la publicité de la presse écrite. (...) Le prix de revient des journaux est plus élevé que leur prix de vente. On conçoit combien, dans ces conditions, les ressources publicitaires constituent un élément absolument déterminant pour la vie des journaux. (...) Une inquiétude est née de la progression des dépenses de publicité allant à la télévision. (...) Cette croissance de la publicité télévisée a précipité la « crise des quotidiens ». (...) Elle a fait ressortir plus nettement encore la dépendance de la presse à l'égard de la publicité [*Paris-Jour* avait réussi, sa diffusion augmentait chaque année], mais il dut fermer ses portes car il avait été condamné à l'avance par les annonceurs et les publicitaires qui lui préféraient, par exemple, *Le Parisien libéré*. Ce sont donc bien ces derniers, et non pas les lecteurs, qui décident de la vie et de la mort des journaux. Le phénomène télévision ne fait que souligner et renforcer cette donnée essentielle pour la presse des pays capitalistes développés » (7).

La publicité a encore d'autres effets néfastes sur la presse, écrite ou audio-visuelle : le rapport du sénateur Diligent sur la publicité clandestine à la télévision a permis de constater que l'introduction de la publicité avait instauré à l'ORTF un climat de « mercantilisme avoué ». Et H. Beuve-Méry, fondateur du *Monde*, déclarait en 1972 : « La publicité conduit au monopole et à la concentration dans la presse. » Un autre observateur (8) écrit : « Pour les annonceurs et les publicitaires, il est assurément beaucoup plus simple, dès l'instant qu'on est sûr de toucher la clientèle qu'on souhaite atteindre, de passer des annonces dans un grand journal que dans plusieurs petits journaux (...). Dès lors la publicité, dont le rôle n'est assurément pas de préserver le pluralisme d'opinion des journaux, pousse ceux-ci à se regrouper, les petits passant finalement sous la coupe des grands, ou étant amenés à disparaître. »

(7) J. Cayrol, La presse, PUF, 1972.
(8) J. Cayrol, Le journal, *in* Les communications de masse, Paris, CEPL, 1972.

2. **La télévision.** — Si la presse est le medium le plus sélectif et permet une très grande finesse dans la visée de la cible, puisque chaque catégorie, chaque consommateur potentiel de quoi que ce soit trouve une publication qui s'adresse à lui, la télévision au contraire est le medium non sélectif, celui qui arrose dans toutes les directions.

C'est pour cette raison le medium des produits de grande consommation, des gros annonceurs, de ceux qui s'adressent à toutes les ménagères, à tous les enfants... C'est aussi pour cette raison le medium le plus cher, et c'est aussi pour cela qu'il a pris une si grosse part (9) de certains budgets de publicité au détriment de la plupart des autres media.

3. **L'affichage.** — Pratiquement inutilisable pour les biens industriels, l'affichage est le troisième medium en importance pour les produits destinés au grand public. Comme la télévision, il arrose, mais contrairement à elle, on peut le limiter dans l'espace, ce qui lui confère une sorte de sélectivité partielle. Le type de biens ou de services y est aussi très inégalement représenté, certains l'employant de façon massive, comme le secteur de la distribution. On distingue :

A) *L'affichage mural*, pour lequel tous les murs et palissades sont des emplacements potentiels : 500 000 environ sont recensés, la plus forte densité se trouvant dans les grosses agglomérations.

B) *L'affichage routier* qui jalonne les routes principales et ceinture les villes (10).

(9) Bien que ce medium ne comprenne que 6 chaînes de couverture nationale et les « périphériques » RTL et Télé Monte-Carlo, d'audience limitée sur le plan géographique.

(10) Les entreprises d'affichage (dont les plus grosses sont Giraudy, Avenir, Dauphin, Metrobus et France Rail) possèdent des « réseaux » de plusieurs centaines d'emplacements, dont certains sont très spécialisés : par exemple les parkings d'hypermarchés ou les routes d'accès aux centres commerciaux. Deux grands afficheurs, Avenir et Dauphin, gèrent des modèles pour l'étude de l'audience de l'affichage (respectivement Maud et Affimat), par le croisement entre les données des enquêtes de mobilité des individus menées par le CESP (habitudes de déplacement) et l'emplacement des panneaux des réseaux d'affichage. Cette étude permet d'évaluer non plus l'impact du medium affichage tout entier mais celui de tel réseau précis.

C) *L'affichage sur les transports* : métro, autobus (régie Métro-bus) (11), trains et gares (régie France Rail) (12), aéroports (régie Aéroports Publicité).

D) *L'affichage « abribus »* et *mobilier urbain* : c'est là l' « invention » de J.-C. Decaux, partie de Lyon et couvrant plus de 500 agglomérations (2 régies : Decaux et Publi-Cités).

4. La radio. — La radio, dont le taux de possession est très élevé (96 % des adultes, pratiquement tous les jeunes à partir de douze-quatorze ans, sans parler de l'existence de deux postes ou plus par foyer dans de nombreux cas et de l'équipement en auto-radios), est plus sélective que la télévision :

— d'une part, parce que la composition de l'audience des différentes stations n'est pas tout à fait la même (13) ;

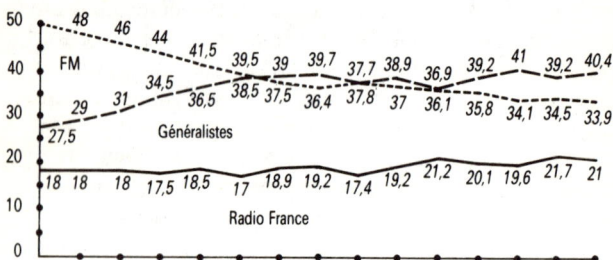

Fig. 8. — Evolution des parts de marché par famille (*).
(Source : Médiamétrie France entière, 1/4 heure moyen du lundi au vendredi 5 h - 24 h.)

(*) Radio France : France Inter, France Info, France Culture, France Musique, Radio Bleue, 9 FIP, 39 stations décentralisées.

Généralistes : Europe 1, RMC, RTL, Sud Radio.

FM : Programmes musicaux nationaux : Europe 2, Fun Radio, Nostalgie, NRJ, Skyrock, RFM, Chérie FM, M40. Programmes locaux : Radios locales non affiliées à un réseau national.

(11) 4 500 bus à Paris, par exemple.
(12) 200 gares Paris-Banlieue et 100 gares en province.
(13) Par exemple : la pénétration d'Europe 1 est plus forte chez les hommes et les cadres, celle de RTL chez les femmes (les ménagères surtout) et les ouvriers.

— d'autre part, parce que la composition de l'audience de chaque station diffère selon le moment de la journée (14).

Autre avantage sur la télévision : elle ne nécessite pas la « présence exclusive » de l'auditeur, qui peut vaquer à ses occupations, et elle est infiniment moins chère. Mais seules les stations « périphériques (Europe 1, RTL, RMC, Sud-Radio) » et les radios locales privées sont utilisables, car les stations publiques de Radio France n'admettent que la publicité collective, à l'exclusion de toute publicité de marque.

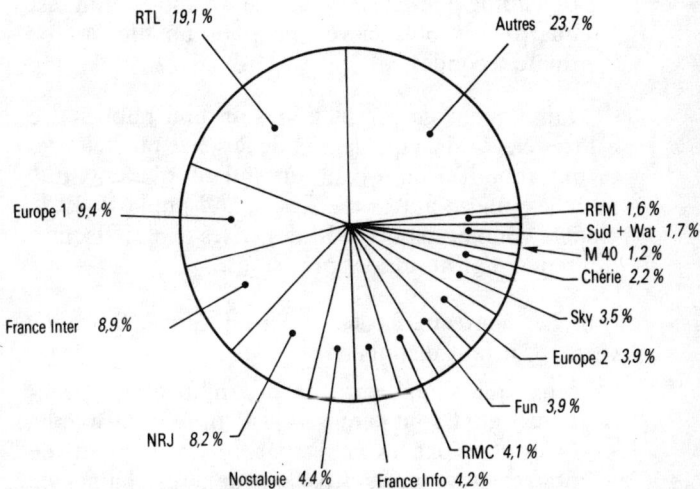

Fig. 9. — Parts de marché par station (janvier-mars 1993). (Source : Médiamétrie 75 000, 1/4 heure moyen du lundi au vendredi 5 h - 24 h.)

(14) En effet, ce ne sont pas les mêmes personnes qui écoutent les informations à 7 h, les jeux à 10 ou 11 h, les feuilletons à 15 h, les émissions de nuit, etc.

5. Le cinéma. — Ce medium bénéficie de certains avantages :

— l'audience des salles est pour moitié composée de quinze-vingt-quatre ans ;
— les cadres et les catégories aisées représentent plus du tiers des entrées ;
— les urbains (villes de plus de 100 000 habitants) représentent les deux tiers des entrées ;
— une forte sélectivité géographique, ce qui permet des actions locales concentrées ;
— un très fort impact pour des raisons techniques et psychologiques : le taux de mémorisation est quatre fois plus élevé que pour un film TV de trente secondes.

Mais le coût de production d'un film publicitaire est très élevé, ainsi que le prix de l'espace publicitaire, ce qui aboutit à un « coût aux mille » plus fort que pour les quatre autres media « grand public ». Et le cinéma connaît depuis 1970 des crises de désaffection qui rendent aléatoires les prévisions...

6. Les nouveaux media. — Parmi les media « nouveaux », il faut distinguer :

— ceux qui s'appuient sur des innovations techniques et ne sont perçus (à juste titre) par le public — et donc par les publicitaires — que comme de nouveaux supports : par exemple les chaînes de télévision diffusées par satellite ou distribuées par câble ;
— ceux qui sont nouveaux d'un point de vue publicitaire, comme :

• le *videotex* (télématique) ; le minitel a recueilli, en 1985, 10 millions de francs de vente d'espace publicitaire ;
• la *vidéo* utilisée publicitairement dans le métro,

les « fast food », près des caisses dans les grandes surfaces, etc. ;
- les *cassettes pré-enregistrées* pour magnétoscope ;

II. — L'information sur les media

Un certain nombre d'organismes étudient divers aspects des media et des supports, indispensables aux annonceurs pour connaître la politique de communication de la concurrence, indispensables aux publicitaires pour choisir les vecteurs adéquats, mettre au point le plan de media, etc.

1. **L'OJD** (Office de Justification de la Diffusion des supports de publicité) (15) contrôle et mesure la diffusion d'environ 750 publications — soit à peu près 80 % de l'ensemble de la presse écrite (16) —,

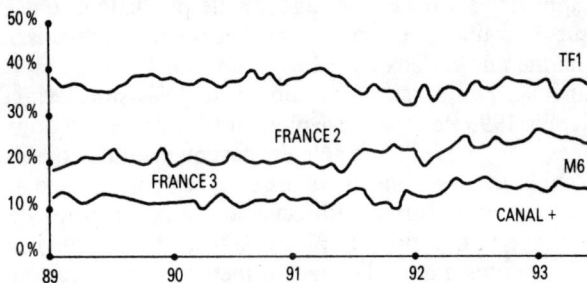

Fig. 10. — Télévision : Evolution des PDM. Ménagères — de 50 : 20 h 30 - 22 h.

(15) Créé en 1922, l'OJD est une association interprofessionnelle d'organes de presse, de concessionnaires de publicité, d'agences de publicité et d'annonceurs. En 1991, elle a modifié ses statuts et son mode de fonctionnement, d'une part pour rendre les résultats qu'elle publie plus fiables, d'autre part pour répondre plus rapidement à des demandes de chiffres plus fréquentes de la part des supports et des media-planners (cf. Le Figaro Economie, novembre 1991).
(16) « Certaines publications dépensant des trésors d'imagination et d'astuce pour gonfler leurs ventes (...), il est parfois difficile aux commissaires (de l'OJD) d'assurer l'authenticité des documents (...). J.-C. Texier, L'OJD, *in* Les communications de masse, Paris, CEPL, 1972.

travail effectué par des experts-comptables à partir des documents fournis par les supports. On peut ainsi connaître, par titre, la diffusion par numéro, en kiosque et par abonnement, les services réguliers non payés, la répartition géographique de la diffusion (17).

2. « **Tarif Media** », publication bimestrielle, fournit le tarif détaillé de l'espace publicitaire de la presque totalité des supports de presse français, métropolitains et paraissant dans les DOM-TOM, ainsi que celui des supports francophones africains et des supports étrangers qui bénéficient d'une représentation exclusive ou officiellement accréditée en France.

3. **Le CESP** (Centre d'Etudes des Supports de Publicité), association financée depuis 1957 par des supports, des régies, des agences de publicité et quelques dizaines de gros annonceurs, faisait réaliser chaque année deux enquêtes : l'une sur la presse et le cinéma, l'autre sur la radio et la télévision. Mais depuis 1993, le CESP n'est plus un fournisseur de données d'audience et son rôle est devenu celui de conseil technique ; les utilisateurs, essentiellement les media, s'adressent désormais directement aux instituts de sondage : AEPM pour la presse magazines, Euro-PQRN pour la presse quotidienne, Affimétrie pour l'affichage et Médiamétrie pour le cinéma.

Le CESP est donc maintenant une sorte d'autorité « morale et scientifique », chargée de conseiller les instituts de sondage sur le plan méthodologique et de vérifier la qualité des enquêtes d'audience.

Ces informations, dûment traitées et analysées, sont censées renseigner les souscripteurs sur l'audience moyenne (nombre de lecteurs, d'auditeurs,

(17) L'Humanité, par exemple, n'adhère pas à l'OJD.

de spectateurs) ; l'audience totale répartie selon les habitudes de lecture, par exemple (20 % lisent le titre régulièrement, 15 % souvent, 30 % très rarement, etc.) ; les taux de pénétration ; différentes duplications (voir plus bas, p. 77) ; tout cela devant concourir à une meilleure connaissance des supports et donc faciliter le choix des publicitaires.

La réalité n'est pas aussi belle. Les résultats de l'AEPM sont très contestés — bien qu'ils se soient améliorés depuis quelques années — en raison de nombreux défauts de méthode (limitation du nombre de titres de presse, imprécision de certaines questions importantes, disparité de certains résultats avec ceux de l'OJD, appel à la mémoire, non-distinction entre les jours de la semaine pour ce qui concerne la radio et la télévision...).

4. **Médiamétrie** est une société qui étudie à la fois la radio et la télévision :

— L'enquête « *75 000* » concerne la radio, dont elle étudie l'audience à l'aide d'un échantillon de 75 000 personnes âgées de 15 ans et plus. Deux cent cinquante interviews téléphoniques quotidiennes permettent d'obtenir les taux d'audience quart d'heure par quart d'heure, la durée d'écoute par auditeur et le profil d'audience de chaque station de radio.

Cette enquête permet en même temps de connaître l'équipement en postes de télévision, en magnétoscopes, en télécommandes, l'abonnement au câble, la réception par satellite...

— Le *panel audimétrique* cherche à mesurer le contact avec les spots publicitaires : depuis janvier 1989, l'ancien système Audimat — qui signalait seulement quelle chaîne était reçue par le téléviseur — a été remplacé par un nouveau système appelé *Médiamat,* beaucoup plus perfectionné puisque chacun des membres du foyer panéliste signale sa présence devant l'écran en appuyant sur le bouton-poussoir de la boîte de la télécommande. Le panel comprend 2 300 foyers, représentatifs des ménages résidant en France métropolitaine.

— La prochaine étape — ou audimétrie de troisième génération — sera celle qui dans quelques années verra le remplacement du bouton-poussoir par la détection automatique par l'appareil lui-même de l'identité des téléspectateurs présents devant l'écran.

5. **Les « piges »** des sociétés de panels sont le relevé systématique des insertions publicitaires dans différents media, nécessaire aux annonceurs pour connaître l'importance et la structure des budgets de la concurrence. La société Secodip propose plusieurs services :

— *Pige quantitative :* l'investissement publicitaire dans les campagnes sélectionnées (presse, télévision, radio, affichage, cinéma...).

— *Pige études documentaires,* à partir de la pige systématique d'articles et de l'interrogation de bases de données internationales.

— *Pige qualitative,* pour la sélection de campagnes et pour les nouvelles campagnes :

• dans le premier cas, une pige produits fournit toute la communication sur un marché, une marque, ou tous les produits d'un annonceur ou d'un groupe de sociétés ; une pige thèmes apporte des réponses aux questions sur les visuels, les signatures et accroches avec leurs axes et concepts principaux (par ex. « l'évolution de la notion de service ») ;

• dans le deuxième cas, la société procure une « alerte » permanente sur un marché ou un thème donné, en fournissant immédiatement les annonces et les messages sous forme de scripts, d'enregistrements, de TV-contacts ou de photocopies en couleurs.

Ménagères	% de lectrices consommatrices	Rang	Part du marché	Rang	Coefficient d'efficacité	Rang
Savons de ménage	9,1	5	9,5	4	100,8	3
Poudres de lavage	9,1	5	9,1	5	97,1	5
Produits lavages délicats	9,1	5	9,3	5	98,5	7
Détergents liquides	9,8	5	9,4	5	100,2	5
Autres détergents	8,8	5	8,6	5	91,0	7
Nettoyants ménagers	10,6	5	11,6	5	123,2	4
Aluminium ménager	9,7	5	10,8	5	114,5	6
Piles électriques	10,6	4	11,3	3	105,5	3
Gants ménagers	7,7	6	11,2	4	104,5	6
Produits pour sols et meubles	8,9	5	9,5	5	100,8	6
Produits pour vitres	11,4	5	11,5	4	122,2	2
Eponges	9,0	5	10,3	5	110,1	2
Tampons à récurer	9,4	5	10,8	4	115,2	2
Désodorisants antimites	10,2	5	9,6	5	102,0	6
Désodorisants en bombe	10,8	5	12,7	5	135,1	5
Cirages	8,8	5	10,8	5	114,7	2

Fig. 11. — Exemple d'analyse de comportement de consommation de produits d'entretien des lectrices (ménagères) de France Dimanche (Etude media-produits réalisée en 1973 par Régie-Presse à partir du panel Secodip 1972).

Ces informations sont fournies à partir d'une base de données multicritères où sont stockés tous les visuels publicitaires transposés en images numériques sur disque optique, ainsi qu'un descriptif qualitatif du contenu du message publicitaire.

6. **Les enquêtes media-produits** sont destinées à comparer la fréquentation d'un titre de presse, d'une chaîne de radio, et les achats d'un échantillon de consommateurs intéressant les différents annonceurs, afin de positionner le support sur le marché des prin-

cipaux produits de grande consommation (voir un exemple, (fig. 12).

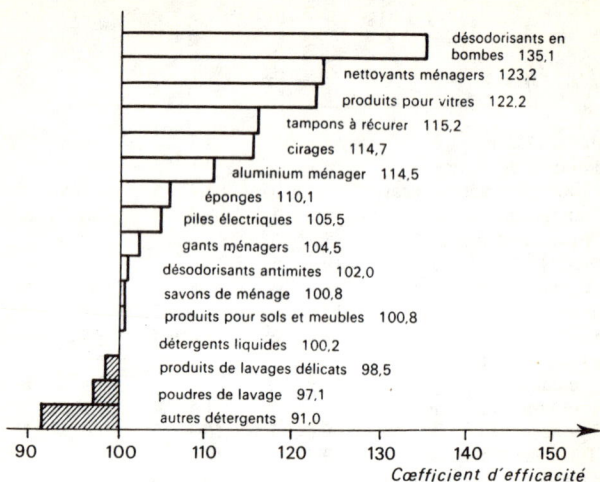

désodorisants en bombes 135,1
nettoyants ménagers 123,2
produits pour vitres 122,2
tampons à récurer 115,2
cirages 114,7
aluminium ménager 114,5
éponges 110,1
piles électriques 105,5
gants ménagers 104,5
désodorisants antimites 102,0
savons de ménage 100,8
produits pour sols et meubles 100,8
détergents liquides 100,2
produits de lavages délicats 98,5
poudres de lavage 97,1
autres détergents 91,0

90   100   110   120   130   140   150

Cœfficient d'efficacité

Fig. 12. — Efficacité de l'investissement publicitaire dans France-Dimanche par rapport à des supports similaires. (Source : Etude media-produits Régie-Presse 1973 à partir des résultats 1972 du panel Secodip.)

7. **D'autres informations sont fournies par différents organismes.** — Ainsi le Centre national de la Cinématographie (CNC) publie-t-il des chiffres relatifs au nombre d'entrées, à leur répartition et à leur évolution selon la localisation géographique, le type de salle, le type de programme...

Et l'affichage, longtemps parent pauvre des études et enquêtes, bénéficie maintenant d'une attention certaine (18).

(18) La société ESOP a fait en 1979 une étude sur le support autobus en Communication et langages, n° 43, 1980) ; la société IPSOS mène des enquêtes appelées « baromètres d'affichage », annuellement en région parisienne également ; la société d'affichage Dauphin et le chercheur A. Morgensztern ont mené des études sur la mémorisation des affiches. Et il existe même un modèle de media-planning, Maud.

8. L'Institut de Recherches et d'Etudes publicitaires (IREP) est une association sans but lucratif, fondée en 1958, et ouverte aux supports, annonceurs et agences. Ses activités sont nombreuses ; journées d'études et séminaires de formation, publication des communications faites par les participants aux journées d'études, études et recherches sur des thèmes intéressant la publicité : « comportements et attitudes à l'égard des media », « la publicité de bouche à oreille », « influence du volume publicitaire sur l'impact d'un message », etc. Il publie un bulletin trimestriel d'information donnant les principaux résultats d'études statistiques (*Cahier*, 4ᵉ trimestre 1984 : le marché publicitaire français en 1983), et un important document : la structure des budgets de publicité.

9. L'approche par les styles de vie. — Les études et recherches menées depuis les années 70 par le CCA (19) et la Cofremca (20) ont montré qu'acheteurs et consommateurs ne se réduisent pas à leurs caractéristiques socio-démographiques et socio-économiques, mais relèvent aussi d'un mode de pensée et de comportement intimement liés à leurs attentes et à leurs motivations profondes. Mais « les motivations des consommateurs ne sont pas permanentes et les typologies ne sont pas stables (...). De même changent les fonctions dominantes des produits sous l'influence des courants culturels, de même doit changer la publicité pour s'y adapter » (21).

Les proportions des représentants des divers styles de vie dans l'ensemble de la population varient avec

(19) Centre de Communication avancée.
(20) La Compagnie française d'études de marché a déterminé, de son côté, une trentaine de courants socioculturels, et cherche à quoi ils correspondent en termes de consommation, de fréquentation de media et supports, de réaction à la publicité, etc.
(21) Cf. l'analyse complète par le CCA dans le rapport annuel 1981 de l'Agence Havas.

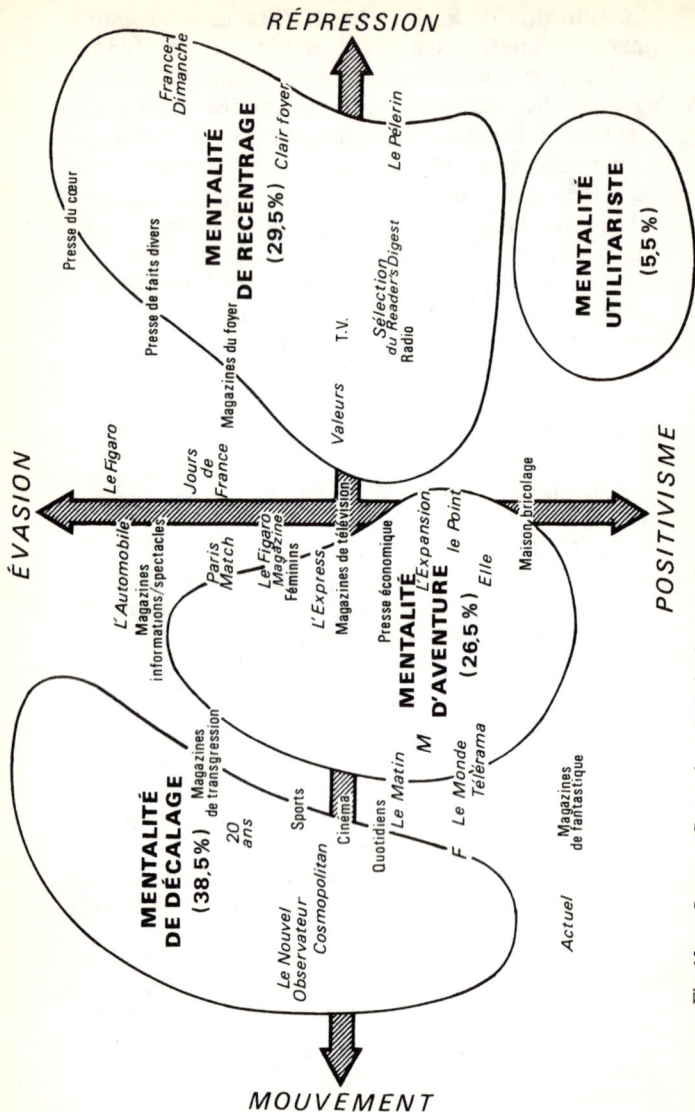

RÉPRESSION

Presse du cœur

France-Dimanche

MENTALITÉ DE RECENTRAGE (29,5 %) Clair foyer

Le Pèlerin

Presse de faits divers

Magazines du foyer

MENTALITÉ UTILITARISTE (5,5 %)

Valeurs

T.V.

Sélection du Reader's Digest

Radio

ÉVASION

Le Figaro

Jours de France

L'Automobile

Magazines informations/spectacles

Paris Match

Le Figaro Magazine

Féminins

L'Express

Magazines de télévision

POSITIVISME

Presse économique

L'Expansion

le Point

Elle

MENTALITÉ D'AVENTURE (26,5 %)

Maison bricolage

M

Le Matin

Télérama

Le Monde

MENTALITÉ DE DÉCALAGE (38,5 %)

Magazines de transgression

20 ans

Sports

Cinéma

Quotidiens

F

Magazines de fantastique

Le Nouvel Observateur

Cosmopolitan

Actuel

MOUVEMENT

Fig. 13. — Source : Centre de communication avancée.

le temps, en fonction des modes, des crises économiques, sociales, etc. Mais, quel que soit leur poids relatif du moment, ils ont leurs media et leurs supports, miroir de leur système de valeurs. Les chercheurs les ont ainsi classés en fonction de leur affinité avec les quatre mentalités recensées. Par exemple :

— les supports « moralistes » sont ceux de la mentalité utilitariste : *Le Chasseur français, Historia, L'Action automobile,* la presse quotidienne régionale ;
— les supports du « savoir-faire » sont ceux de la mentalité de recentrage : *Femmes d'Aujourd'hui, Sélection du Reader's Digest ;*
— les supports de l'information sont ceux de la mentalité de progrès : les journaux « sérieux » *(Le Monde),* les *news magazines (L'Express),* les revues économiques *(L'Expansion) ;*
— les supports de l'anticonformisme, de la dérision, de l'imaginaire sont ceux qui conviennent aux « décalés » : *Actuel* en est le prototype (voir fig. 13).

Cette approche par les styles de vie est complémentaire des méthodes classiques par critères socio-économiques et démographiques pour une meilleure connaissance et donc utilisation des media et des supports dans la communication commerciale ; elle permet, par exemple, de différencier deux supports que les critères habituels classeraient dans la même catégorie de fréquentation.

III. — Le choix des media

Le choix des media (22) passe par une série d'étapes (voir pour une étude approfondie : Th. Fabre, Le

(22) « Le chaos à l'œuvre en media-planning : les problèmes de l'optimisation-media » (F. Charton, *in* Séminaire, IREP, mars 1993 : Les media en France et en Europe).

media-planning, PUF, coll. « Que sais-je ? », n° 2644, 1992) :

— mise au clair des objectifs de marketing, des objectifs de communication publicitaire, des cibles visées et des contraintes à respecter ;
— élimination des media qui ne conviennent pas ;
— choix du ou des media de base de la campagne ;
— évaluation des combinaisons possibles du medium de base avec d'autres media éventuellement utilisables, et choix de la combinaison définitive.

1. **Elimination des media qui ne conviennent pas.** — Un medium peut être interdit (la télévision pour la distribution, l'édition, l'alcool, le tabac...), ou impossible à utiliser (la télévision dans le cas des petits budgets), etc.

2. **Critères de choix parmi les media restants :**
— *L'adéquation à la cible visée :* c'est ici qu'intervient la connaissance des media et des supports telle qu'elle ressort des études et enquêtes du CESP, de l'approche par les styles de vie ou les courants socioculturels.

— *L'adéquation aux produits*, comme à la cible : certains media conviennent tout particulièrement (la presse spécialisée pour toucher de petites cibles utilisatrices de produits peu répandus, l'affichage routier pour les automobilistes, la télévision du matin pour les céréales pour le petit déjeuner).

— *L'adéquation au type de distribution :* l'affichage, par exemple, convient à la distribution de masse des produits de grande consommation.

— *Les choix de la concurrence*, non pour les copier, mais pour adopter une tactique qui en tienne compte : en se démarquant d'elle en faisant un choix différent, en se démarquant d'elle en faisant le même choix de base mais en l'utilisant différemment (d'autres supports du même medium, une cadence de parution différente, etc.).

— *Le type de message* : la presse écrite (quotidiens, magazines) convient aux messages de type dénotatif, s'adressant à la raison, à la réflexion ; la radio, l'affichage, le cinéma et souvent la télévision sont plus aptes à transmettre un message de type connotatif, en créant une ambiance, en suggérant une idée...

— *Le délai de réaction recherché* : le temps de réponse de la cible visée au stimulus publicitaire est différent selon le medium — le caractère durable ou non de l'effet produit également : les magazines d'un côté, la radio, puis la télévision et la presse quotidienne — qui provoquent des réactions rapides mais éphémères — de l'autre...

— *Le temps dont on dispose* pour mettre en œuvre la campagne : sans même parler des délais de réalisation de films, par exemple, la réservation de l'espace publicitaire dans les media varie de quelques jours (presse quotidienne, radio) à plusieurs semaines, voire plusieurs mois selon les disponibilités et les périodes de l'année (presse périodique, affichage, télévision).

IV. — Le choix des supports

Une fois effectué le choix des media, il faut déterminer les supports chargés de véhiculer la campagne. Cela nécessite avant tout la connaissance d'un certain nombre d'éléments qui les caractérisent.

1. Caractéristiques générales des supports :

— *La diffusion* : contrairement au tirage, qui donne le nombre d'exemplaires imprimés d'une publication — chiffre non significatif — la diffusion réelle représente le nombre d'exemplaires vendus, en kiosque ou par abonnement, et celui des exemplaires distribués gratuitement ; c'est l'OJD qui fournit ces chiffres (voir plus haut, p. 66).

— *Le taux de circulation* est le nombre de personnes moyen, théorique, en contact avec un exemplaire du support, plus ou moins supérieur au nombre d'acheteurs selon qu'il s'agit de presse quotidienne générale, de presse professionnelle, de magazines, etc. On le calcule en divisant l'audience par la diffusion.

— *L'audience* est l'ensemble des personnes qui lisent ou consultent un support de presse, écoutent une chaîne de radio, regardent la télévision ou la projection de la bande publicitaire au cinéma, ou passent devant une affiche. L'aspect quantitatif de l'audience est important, tout comme l'aspect qualitatif (caractéristiques socio-démographiques, socio-économiques, habitudes de consommation, style de vie, etc.). Tous les individus appartenant à l'audience d'un support ont une probabilité non nulle d'être en contact avec le message publicitaire : on appelle cette probabilité une « occasion de voir, d'entendre » (ODV, ODE) que le publicitaire doit s'efforcer de transformer en perception effective du message.

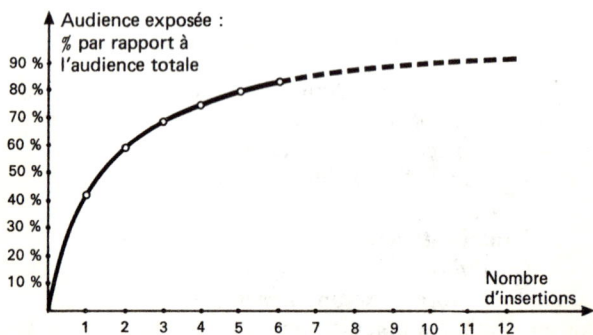

Fig. 14. — L'accumulation d'audience.

— *Le cumul* est l'accroissement d'audience du même support consécutive à la *n*-ième insertion par rapport à la (*n* — 1)-ième (fig. 14).

2. **Caractéristiques des supports comme vecteurs de publicité :**

— *Le coût de l'espace publicitaire* est le prix à payer pour insérer le message dans le support : il est fourni par *Tarif Media* pour tous les supports de tous les media de presse et d'affichage (voir plus haut, p. 66).

— *L'audience utile pondérée* est la somme de l'audience utile et de la fraction de l'audience totale, qui ne fait pas partie de la cible visée au sens strict, mais exerce néanmoins sur elle une certaine influence par le biais du conseil, de l'information, de la pression affective (les prescripteurs en milieu industriel, l'un des époux et les enfants vis-à-vis des particuliers...). On attribue à chacune de ces fractions un coefficient de totale du support qui appartient à la cible visée (23).

— *L'audience utile* est la fraction de l'audience pondération inférieur à 1, en fonction de son influence estimée.

— *La duplication d'audience* est l'audience commune à plusieurs supports : la plupart des individus lisent ou consultent plusieurs magazines du même type, écoutent plusieurs chaînes de radio et de télévision... mais ne lisent en général qu'un seul quotidien ; la connaissance de cette duplication est intéressante pour le choix des supports.

— *L'audience utile non dupliquée* est le nombre de personnes distinctes (ou audience nette) en contact avec au moins un des supports sélectionnés, nombre inférieur à la somme des audiences de chacun des supports (fig. 15).

(23) On parle d'affinité pour exprimer la proximité entre le support et la cible visée : c'est le rapport de l'audience utile sur l'audience totale.

— *La couverture* est le pourcentage d'audience utile non dupliquée par rapport au nombre total de personnes de la cible.

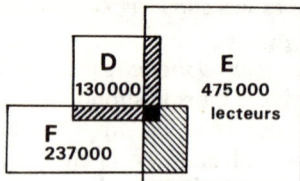

Fig. 15. — Duplications d'audience et audience nette. (Etant donné des duplications d'audience : $D \cap F = 21\,000$, $D \cap E = 15\,000$ et $E \cap F = 13\,000$, les audiences nettes sont : pour D et F, de 346 000 lecteurs, pour D et E, de 590 000 et pour E et F de 699 000. L'audience nette des trois supports peut être calculée à partir de la formule :

$$D + E + F - D \cap E - D \cap F - E \cap F + D \cap E \cap F$$

Si on ne connaît pas $D \cap E \cap F$, on peut estimer l'audience nette à l'aide de la formule d'Agostini (p. 79).

— *La répétition* est le nombre théorique d'ODV ou contacts possibles par individu touché au moins une fois par le support, par rapport au nombre d'insertions.

— *Le taux de pénétration utile* est le pourcentage de l'ensemble de la cible visée que le support touche : il sera de 100 % si la cible se trouve tout entière incluse dans l'audience, inférieur si la cible ne représente qu'une partie de l'audience.

— On parle aussi de *GRP (gross rating point)* ou nombre moyen de contacts par individu de la cible, multiplié par 100 ; ou encore produit de la couverture utile nette par la répétition ($\times$ 100).

3. **Le choix des supports.** — Les éléments qui précèdent étant connus, le choix entre les supports d'un même medium va tenir compte d'un certain nombre

de facteurs quantitatifs et qualitatifs. Il faut en effet que la combinaison de supports permette d'obtenir :

— la couverture maximale d'individus appartenant à la cible ;
— des vecteurs jouissant d'une bonne crédibilité ;
— tout cela avec le meilleur rapport de l'impact quantitatif et qualitatif par rapport au coût.

A) *Echelles de puissance et d'économie.* — Il faut d'abord connaître *l'échelle de puissance* des supports présélectionnés, ou proportion de la cible visée appartenant à l'audience totale, qui correspond à *l'audience utile*.

On peut alors calculer *l'échelle d'économie*, ou *prix de l'espace* publicitaire rapporté au nombre d'individus de l'audience utile ou de *l'audience utile pondérée* — qu'on appelle coût aux mille.

On combinera cette donnée avec *l'accumulation d'audience* qui indique au bout de combien d'insertions on aura à peu près touché au moins une fois l'ensemble de l'audience d'un support.

Chaque fois qu'on se trouvera en présence de supports à l'audience dupliquée on calculera la couverture hors duplication pour obtenir les échelles d'économie. Les duplications entre supports, comme les accumulations d'audience, sont fournies par le fichier du CESP. L'audience nette s'estime à l'aide d'un programme informatique dans les cas complexes ou manuellement dans les cas simples, à l'aide de la formule d'Agostini (24) à partir des duplications par paires :

$$\text{Audience nette} = \left[\frac{1}{K(D/A) + 1} \right] A$$

(24) M. Agostini, How to estimate unduplicated audiences, Journal of Advertising research, mars 1981.

A est la somme des audiences des différents supports ;
D est la somme des duplications 2 à 2 de ces supports ;
K est une constante, variable selon les media, que le CESP recalcule chaque année.

Soient les chiffres suivants pour trois supports D, E, F, avec K = 1,2 :

Audience cumulée		Duplications	
D	130 000	DE	15 000
E	475 000	DF	21 000
F	237 000	EF	13 000
	842 000		49 000

L'audience nette sera égale à :

$$\left[\frac{1}{1,2(49\ 000/842\ 000) + 1} \right] 842\ 000 = 787\ 000.$$

B) *Répartition entre couverture et répétition.* — En fonction des objectifs de marketing et des objectifs publicitaires, on peut chercher à atteindre une cible relativement restreinte avec une forte intensité, ou bien un maximum d'individus, même une seule fois :

— la première hypothèse est celle d'une campagne *intensive*, où on met l'accent sur la répétition, dans le but par exemple d'améliorer une image vieillote ou sans dynamisme, ou même de créer une image inexistante ;

— la deuxième est celle d'une campagne *extensive*, où on met l'accent sur la couverture, dans le but par exemple d'entretenir une image déjà forte, ou d'informer le plus grand nombre de gens possible sur l'existence d'un bien ou d'un service (fig. 16).

C) *Seuils de pression publicitaire.* — La pression publicitaire doit être dosée de façon à procurer le meilleur rendement, pour ne pas saturer les cibles

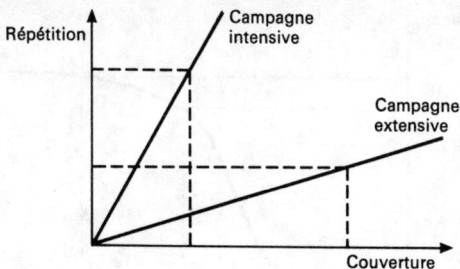

Fig. 16. — Campagne extensive, campagne intensive.

par une répétition trop appuyée, ou au contraire se trouver diluée par un espacement trop grand entre les messages. Il faut donc déterminer deux seuils :
— le seuil minimal à atteindre pour obtenir un impact ;
— le seuil au-delà duquel l'investissement supplémentaire est sans utilité — voire nocif (fig. 17).

D) *Étalement dans le temps*. — Pour le déroulement de la campagne de publicité, il faut déterminer le nombre de vagues, la durée de chacune d'elles et la pression publicitaire à exercer chaque fois. On peut pour cela tenir compte d'éléments qualitatifs exogènes comme la saisonnalité des ventes, les actions de la concurrence, l'encombrement publicitaire de la période... et s'aider également du modèle mathématique de mémorisation-démémorisation mis au point par A. Morgensztern (p. 102).

« Le media planning n'est pas une chose simple si on considère que ce choix comprend non seulement les titres des vecteurs, mais également leur combinaison dans le temps et dans l'espace, la détermination de la fréquence de parution de chaque type de message, chaque medium agissant de manière différente sur la cible, de même que les supports eux-mêmes, selon leur caractère plus ou moins spécialisé. Ce dont il faut toujours tenir compte c'est que la politique de communication ne doit pas avoir de trous : ce doit être

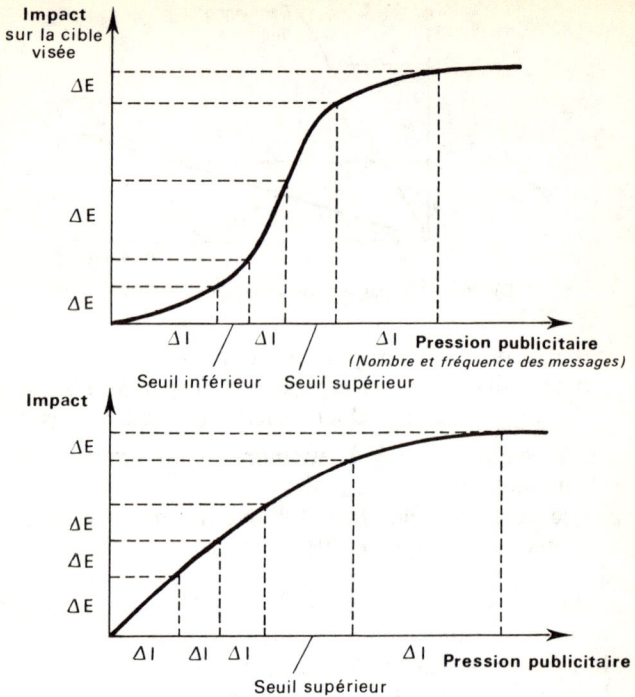

Fig. 17. — L'impact de la pression publicitaire (ΔI, variation de l'investissement, ΔE, variation de l'efficacité). Pour certains, il y aurait deux seuils : inférieur, en deçà duquel la pression publicitaire est insuffisante pour être efficace ; supérieur, au-delà duquel elle ne produit plus d'effet en rapport avec l'investissement. Pour d'autres chercheurs, il n'y aurait qu'un seuil supérieur.

un continuum avec cependant des points forts à l'occasion d'événements particuliers — comme une exposition ou le lancement d'un produit ou d'un procédé nouveaux... — de manière à soutenir l'image de la firme ou de la marque et d'être présent à l'esprit des clients, prospects, prescripteurs et distributeurs en permanence » (25).

(25) A. Dayan, Marketing industriel, Vuibert « Gestion », 3ᵉ éd., 1993.

V. — La modélisation du media-planning

La recherche de méthodes « scientifiques » de choix des media et des supports a abouti, au cours des années 60, à la construction de « modèles » inspirés de la recherche opérationnelle et mis en œuvre grâce à l'informatique qui seule permettait de traiter très rapidement un grand nombre de données nécessaires à l'analyse des supports (couverture, pénétration, duplication, etc.). Pendant une dizaine d'années ce fut la mode des modèles les plus sophistiqués, grandes agences et grands supports rivalisant pour proposer le meilleur à leurs clients... En fait ces modèles péchaient par la méconnaissance qu'avaient les chercheurs opérationnels et les informaticiens de la publicité et de la communication en général, par la méconnaissance des publicitaires de l'interprétation de la statistique et de l'outil mathématique en général : d'où l'utilisation de modèles qui aboutissaient, par exemple, à des équivalences « quantitatives » entre media, entre supports...

1. **Les modèles d'optimisation.** — Ces modèles recherchaient une *optimisation* et utilisaient *la programmation linéaire,* simplifiant abusivement une réalité très complexe dont ils ne tenaient pas compte des aspects qualitatifs : ils choisissaient en effet un critère unique quantitatif (coût aux mille, par exemple) pour trouver le meilleur plan possible entre un maximum de combinaisons de supports. L'amélioration est venue d'un autre type d'optimisation par les modèles multicritères utilisant l'analyse séquentielle (car le plan optimal ne peut pas être sélectionné immédiatement) et procédant par itérations successives, mais ne tenant toujours pas compte des aspects qualitatifs, bien qu'ils utilisent plusieurs critères en même temps, en plus du coût, de la couverture, de l'affinité, etc.

2. Les modèles d'évaluation. — Le principe en est le suivant : à partir de fichiers de milliers de personnes (comme celui du CESP) dont on connaît la fréquentation de supports des différents media, et à partir de plusieurs plans construits *a priori,* on simule l'exposition de ces personnes à ces supports : on évalue ensuite la valeur relative de chacun des plans par rapport à des critères fixés à l'avance. Dans la plupart des cas, on répartit le budget prévu entre les media choisis puis on teste les plans construits — comprenant les insertions dans des supports — sur le fichier où figure l'audience utile pondérée qui est la cible visée. Le modèle permet alors de connaître pour chacun des plans : le nombre total de personnes utiles touchées, le pourcentage par rapport à la cible, le nombre moyen de fois que chaque personne utile est touchée (répétition), le nombre de personnes utiles touchées une fois, deux fois, *n* fois (distribution des contacts).

Les modèles d'évaluation sont plus réalistes, moins coûteux et plus utilisés que les précédents, et le media-planner, qui construit d'abord les plans à tester, contrôle mieux le processus général. Il dispose de deux types de modèles :

— les modèles *déterministes* ou *à formule* qui *calculent* le nombre d'expositions des personnes de la cible à l'aide de formules ;
— les modèles *probabilistes non déterministes,* qui *simulent* l'exposition d'un individu quelconque de la cible (comme les logiciels Tom de JFC, Popcorn d'IMS, Sam de R2M, ou Check-up de la CEMI).

Malgré les améliorations de méthode apportées aux modèles, il faut garder à l'esprit qu'ils ne peuvent pas intégrer de façon parfaitement fiable de nombreux éléments qualitatifs qui feront pourtant parfois la différence entre deux plans apparemment semblables. L'homme doit toujours être le décideur, son jugement ne peut pas en l'espèce être remplacé par la machine : l'informatique lui permet seulement en l'occurrence de se servir d'outils d'aide à la décision qui seront dans le meilleur des cas des réducteurs d'incertitude.

VI. — Le budget de publicité

La réponse à la question : combien faut-il investir en publicité ? n'est pas simple. Elle nécessite la connaissance de la structure d'un budget de communication et la détermination de critères susceptibles d'aider le décideur à faire son choix.

1. **La structure du budget.** — Un certain nombre de postes le composent, ainsi constitués :

— *Les frais d'administration* : c'est le coût des personnes qui s'occupent de la communication chez l'annonceur (service de publicité, chef de publicité, etc.), composé essentiellement de salaires et de charges.

— *Les frais de réalisation de matériel :* la publicité n'est pas que conception des messages ; elle est aussi réalisation (fabrication, impression) d'un matériel parfois très important : affiches, films pour la télévision et le cinéma, bandes sonores pour la radio, édition de brochures, catalogues, notices technico-commerciales, argumentaires commerciaux — dans le cas de la communication en milieu industriel — etc.

— *L'achat d'espace* : c'est de très loin le poste le plus important du budget de publicité, en raison des prix extrêmement élevés dans l'absolu qu'atteignent certains supports dans certains media. Cet espace est celui que les vecteurs de communication commerciale vendent aux agences et aux annonceurs : pages dans la presse, temps à la radio et à la

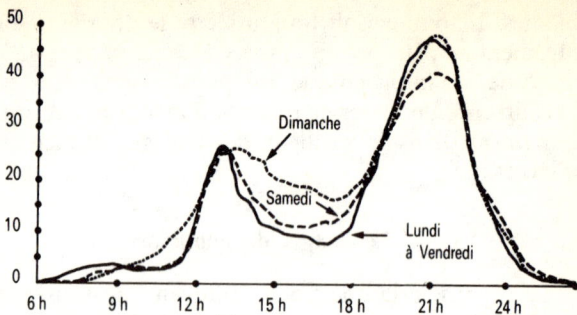

Fig. 18. — Evolution de l'audience globale de la télévision au cours d'une journée de semaine. (Source : Médiamat - Ensemble + 15 ans - avril 1993.)

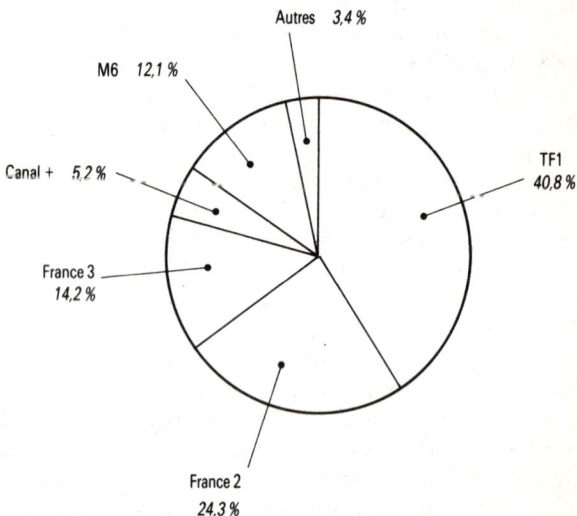

Fig. 19. — Part d'audience des chaînes 1993 (L-D ensemble journée). (Source : Médiamétrie - Ensemble 15 ans + 3 semaines de septembre 1993.)

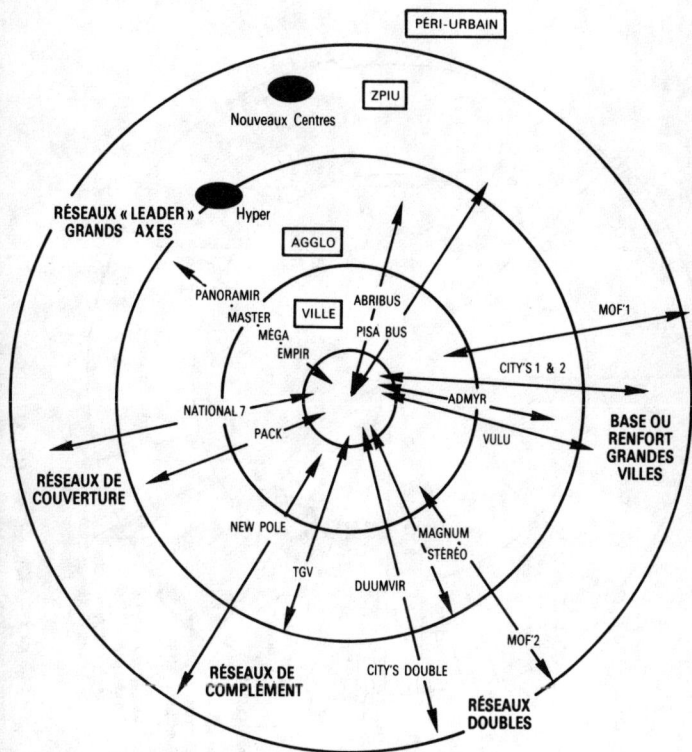

Fig. 20. — La publicité extérieure (couverture produits nationaux). (Source : Affi Conseil.)

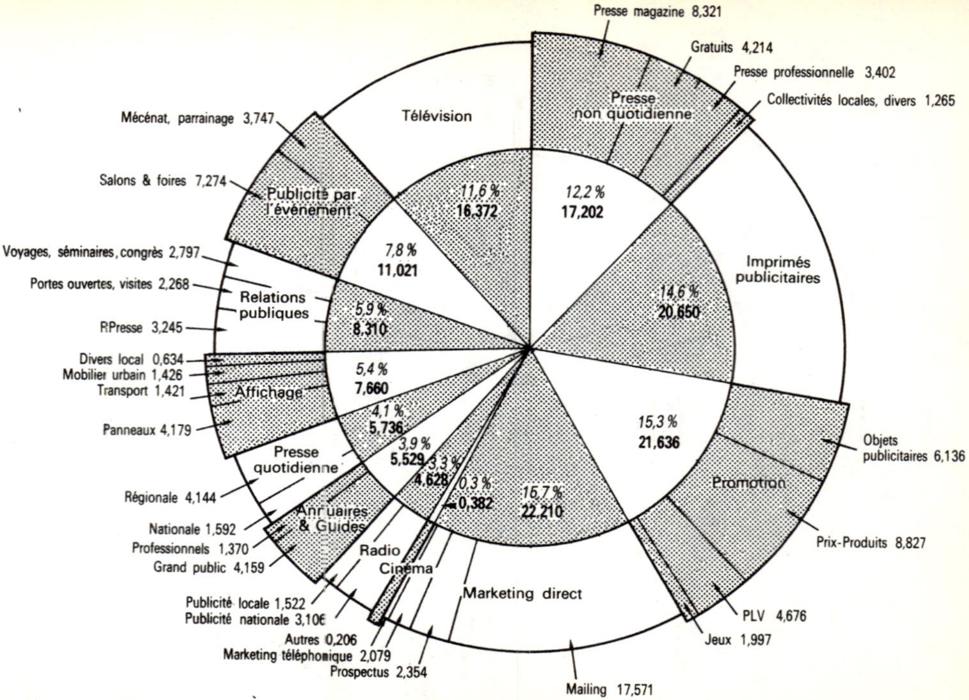

Fig. 21. — Le marché publicitaire 1994 (141,337 milliards de francs). (Source : OPE-ODA/Havas/AHM (CB News mars 1995.)

télévision, mur ou palissade pour l'affichage, stand dans un salon professionnel, etc. (26).

— *Les frais d'utilisation d'autres media* que les cinq « grands », qui conviennent surtout aux biens de consommation : dès qu'il s'agit d'atteindre des cibles autres que le grand public, des media et supports spécifiques doivent être employés — en milieu industriel et professionnel par exemple, comme le publipostage, medium très sélectif, qui nécessite la réalisation et l'envoi des messages, donc la gestion ou la location de fichiers d'adresses ; comme la participation à des congrès, colloques et conférences ; comme les visites et les opérations portes ouvertes, les séminaires de formation et d'information ; comme la présentation de matériel, fixe ou itinérante, etc.

— *Les honoraires :* Contrairement à ce qu'on pourrait croire, ce n'est pas la rémunération de l'agence de publicité pour la conception de la campagne et la création des messages — qui sont rémunérés par la commission d'agence (voir p. 118). Les honoraires correspondent aux recherches et travaux que l'agence mène pour le compte de l'annonceur, comme la création d'un logotype, d'une marque...

Dans certains cas, les grandes agences à « service complet » (27) se voient confier, par des annonceurs

---

(26) La *vente d'espace* publicitaire est effectuée soit par un département du support (on parle alors de *régie intégrée* — comme Régie n° 1 d'Europe 1), soit par des sociétés extérieures, *régies* indépendantes des supports mais qui vendent leur espace en exclusivité (Information et Publicité — IP-Interdeco) moyennant un prélèvement de 20 à 40 % des recettes pour prix de leurs services. L'*achat d'espace* peut être fait directement par une agence de publicité ou même un annonceur, mais de grosses sociétés spécialisées se sont créées depuis quelques années pour acheter en gros aux supports leur espace à l'avance, et le revendre aux agences et aux annonceurs. Les plus importantes parmi ces *centrales d'achat d'espace* sont celles du Groupe Gilbert Gross (Carat), Idemedia, Mediapolis, Initiative Media, Optimum Media, Zenith Media... Une pratique, ancienne aux Etats-Unis, se développe de plus en plus en France, le troc ou *barter* en anglais : une chaîne de télévision donne à un annonceur de l'espace publicitaire gratuit, et en contrepartie elle se voit accorder la diffusion d'une émission produite ou coproduite par cet annonceur. Les *soap operas* des grands lessiviers sont les ancêtres de ce *barter*.

(27) Les petites agences aussi, mais alors elles sous-traitent le travail de terrain auprès de cabinets d'étude et de conseil qui fournissent la prestation demandée par le client.

SCIENCES HUMAINES

FIR830SC40

Mensuel
Jour de parution: le 15 du mois.
Revue de vulgarisation des sciences de l'homme et de la société.

Éditeur: SCIENCES HUMAINES, 83, rue de Paris, 89000 Auxerre. ☎ 86 52 33 02 ou 86 46 71 01 📠 86 48 32 97
Directeur de la publication: Jean-Claude Ruano-Borbalan
Rédacteur en chef: Jean-François Dortier
Com. parit.: 71335
Prix du numéro: 28 F. Abonnement annuel: 280 F (France)-320 F (étranger). Abonnement 2 ans: 530 F (France)-630 F (étranger).
Format: 21 x 29,7; nombre de pages en moyenne: 50.
1er numéro: 15 novembre 1990

Publicité au support: 83, rue de Paris, 89000 Auxerre.
☎ (1) 86 52 33 02
Chargée de publicité: Nadia Latrèche

Tarif H.T.: 01.06.1991

Couverture	noir	bichro	quadri
2e	—	—	11 000
3e	—	—	10 000
4e	—	—	15 000

Annonces standard	noir	bichro	quadri
Double page F.U.	13 000	—	—
Page F.U.	7 000	—	—
1/2 F.U.	4 000	—	—
1/3 F.U.	2 000	—	—
1/4 F.U.	1 500	—	—

Majorations: emplacement de rigueur + 20 %.

Dégressif:
— par insertions: 2 insertions: 5 % ; 3 à 6 insertions: 10 % ; 10 insertions: 20 %.

SCIENCES ET AVENIR CESP

FRR830SC30

Mensuel
Nombre de numéros par an: 12 + 5 hors série. Jour de parution: le 25 du mois précédant le mois de parution.
Revue d'information scientifique.

Éditeur: SCIENCES ET AVENIR, 116, rue Saint-Denis, 75002 Paris. ☎ (1) 42 33 21 73 📠 (1) 42 33 35 23
Directeur Général: Paul Ceuzin
Directrice de la rédaction: Marie-Jeanne Husset
Com. parit.: 55 491. Affiliation: O.J.D. - C.E.S.P.
Prix du numéro: 25 F. Abonnement annuel: 450 F (France).
Format: 21 x 28,5: nombre de pages en moyenne: 100
1er numéro: 1947

Publicité en régie: GÉNÉRAL MÉDIAS, 15, rue Léopold-Bellan, 75002 Paris. ☎ (1) 40 28 48 48 📠 (1) 40 28 02 45
Directrice de la publicité: Catherine Gardin
Chef de publicité: Pascal Delaunay
Assistante: Corinne Clermont

Tarif H.T.: 1991

Couverture	noir	bichro	quadri
2e	—	—	90 000
3e	—	—	90 000
4e	—	—	108 000

Annonces standard	noir	bichro	quadri
Double page d'ouverture F U	102 000	115 000	145 000
Double page centrale F.U.	102 000	115 000	145 000
1re double page F.U.	92 000	110 000	130 000
Double page F.U.	73 500	86 500	104 000
Page face éditorial F.U.	46 000	60 000	75 000
Page F.U.	38 000	49 500	62 000
2/3 F U	26 000	36 500	44 000
1/2 F U	21 500	30 500	35 500
1/3 F U	15 000	19 500	26 000

Encarts: consulter la régie.

Fig. 22. — Extraits de Tarif Media.

qui n'ont pas les structures de marketing suffisantes, la réalisation d'enquêtes, d'études de marché (notoriété, image, etc.). Ces travaux sont facturés au prix coûtant, plus une commission ou des honoraires.

2. **La détermination du budget.** — Nous allons voir successivement ce qui se pratique le plus souvent et ce qui devrait se pratiquer.

A) *La fixation en pourcentage du chiffre d'affaires.* — La solution de facilité la plus communément utilisée est la fixation du budget en pourcentage du chiffre d'affaires passé ou à venir, en pourcentage de la marge brute d'exploitation, ou encore à partir d'une somme fixe par unité de produit qu'on espère vendre. Il est certain que la méthode est simple à comprendre, facile à appliquer, et qu'on peut affiner sa simplicité brutale en faisant varier les pourcentages, par exemple, selon qu'il s'agit de publicité de lancement, de prestige, d'entretien, qu'il s'agit de s'adapter aux actions des concurrents, etc.

Et « il peut sembler paradoxal de fonder un facteur — la publicité — sur sa propre variable — les ventes — dans la mesure où la publicité a justement pour objectif de faire varier les ventes sur lesquelles elle repose. L'assiette dépend du taux qui dépend de l'assiette, etc. [De plus] il y a risque de sclérose à lier trop étroitement recettes de vente et dépenses de publicité : c'est faire abstraction des effets à terme de la publicité et risquer de se condamner à [la] réduire au moment où il faudrait l'augmenter, ou au contraire à la développer au moment où il faudrait la plafonner » (28).

(28) E. Touati, Quel budget pour la publicité ? Le Monde, numéro spécial, 1er avril 1981.

B) *La fixation par actualisation du budget précédent.* — Nombreux sont ceux qui pratiquent cette méthode... ce qui nécessite tout de même le choix d'un type de fixation la première fois, et ce qui risque de rendre permanente l'erreur de méthode commise au début.

Deux méthodes relèvent de cette manière de procéder :

a) *L'analyse marginale* montre que tant que l'investissement publicitaire supplémentaire entraîne un profit supplémentaire supérieur, l'investissement est justifié et même nécessaire, jusqu'à atteindre le montant optimal. Mais c'est de la théorie pure, car on ne peut pas connaître réellement l'élasticité des ventes en réponse à la variation de la publicité, ni l'influence réelle de la publicité, qui n'est qu'un stimulus parmi tous ceux auxquels sont soumis les acheteurs potentiels.

b) *L'analyse par le point mort*, de même inspiration que l'analyse marginale, cherche à savoir quel est l'accroissement de chiffre d'affaires nécessaire pour compenser un accroissement de publicité. Comme dans le cas de l'analyse marginale, on ne connaît pas l'élasticité des ventes, mais on peut se demander ici si l'espoir est réalisable, en traduisant par exemple le chiffre d'affaires supplémentaire attendu en part de marché : on évaluera alors le bien-fondé de l'augmentation de pression publicitaire.

C) *La fixation par rapport à la concurrence.* — Beaucoup d'annonceurs se calquent sur le comportement de leurs concurrents sans analyser et tenir compte des positions respectives occupées sur le marché et des seuils d'efficacité à l'intérieur desquels doit se trouver l'investissement publicitaire. Or on a constaté depuis de nombreuses années :

— Qu'il n'existe pas nécessairement de lien proportionnel direct entre « part de marché et part de publicité » : occuper 10 % du marché n'implique pas qu'on doive faire 10 % de l'investissement publicitaire de ce marché.

— Que si le rapport « part de publicité/part de marché » peut être plus petit pour les entreprises leader, dont l'image est très bonne et la notoriété très grande (29), ce même rapport doit parfois être plus important relativement — et cela d'autant plus que le « bruit publicitaire » ambiant est élevé — pour les entreprises plus petites ou moins connues, car elles ont besoin d'émerger pour qu'on prenne conscience de leur existence — et cela d'autant plus si la publicité est un facteur essentiel de concurrence.

— Que certaines situations de marché justifient un sur-investissement publicitaire, comme le lancement d'un produit et sa phase de croissance, mais que la prolongation de ce sur-investissement n'entraîne pas un développement proportionnel de la part de marché (30).

— Que la réponse à la pression publicitaire, en termes d'efficacité de la communication, est variable :

— avec les caractéristiques des marchés et des segments de clientèle potentielle, la conjoncture économique, la période considérée, d'une part ;

— avec la pression publicitaire des concurrents et la qualité (originalité, etc.) des campagnes les unes par rapport aux autres.

Si on ne connaît pas exactement la réponse, on sait qu'il y a deux seuils d'efficacité qui encadrent l'ensemble des actions de communication ; un seuil minimum en deçà duquel l'investissement publici-

(29) Et dont le volume plus important d'achat d'espace leur permet de bénéficier de meilleurs prix...

(30) Cf. J. Bon, C. Michon, A. Ollivier, Influence de la publicité sur la durée de vie des marques, Fondation Jours de France, Paris, 1981.

taire est trop faible pour entraîner un effet ; un seuil maximum au-delà duquel l'efficacité est négligeable ou inexistante quel que soit l'accroissement de l'investissement (fig. 18).

D) *La fixation en fonction des objectifs*. — Nous venons d'examiner les différentes méthodes en usage en matière de fixation du budget publicitaire. Etant donné leurs insuffisances ou leurs imperfections aucune n'est satisfaisante, même si c'est ce qui se pratique le plus souvent.

La détermination d'un budget de communication doit se faire en examinant point par point l'ensemble des éléments permettant, à la fin de cette phase, de mettre en avant des chiffres ayant une signification réellement en rapport avec le problème de communication posé.

La méthode à suivre est la suivante, compte tenu que l'entreprise a des objectifs de marketing et des objectifs de communication — ceux-ci devant contribuer à atteindre ceux-là :

— définition précise des objectifs de communication (veut-on augmenter les chances de réussite d'un nouveau produit, améliorer une image, accroître une notoriété ?) ;
— détermination exacte — quantitative et qualitative — des cibles visées ;
— choix du style de communication, du caractère intensif ou extensif de la campagne... ;
— nature de l'action publicitaire (campagne de lancement, de prestige, d'entretien...) ;
— évaluation des moyens (media et supports) susceptibles de porter correctement le message et de toucher les cibles visées ;
— calcul du coût des moyens envisagés pour atteindre efficacement les objectifs fixés.

Cette méthode est plus longue et difficile que celles qui précèdent, puisqu'il faut en réalité bâtir et chiffrer une campagne complète. Mais l'étape suivante, l'élaboration d'un plan de campagne est en fait déjà réalisée. Et puis c'est la seule manière de savoir ce qu'il faut investir, ni plus, ni moins, sans insuffisance ni gaspillage. Et si on ne peut pas investir autant qu'il le faudrait pour atteindre ses objectifs, on les révisera à la baisse.

CHAPITRE IV

LE CONTRÔLE
DE L'EFFICACITÉ PUBLICITAIRE

> « Les pieds du chef de famille sont rouges mais les chaussures sont bien cirées. Il vaut mieux faire envie que pitié. »

Cette question si importante du contrôle, qui doit accompagner toute action, intervient en matière de communication *avant* la mise au point définitive des messages (les pré-tests) et *après* que les destinataires les ont reçus... ou non (les post-tests) (1).

I. — Les tests avant lancement

Comme toutes les autres techniques d'étude et de recherche (études de marché, de motivation, etc.), les tests avant et après de la publicité ne sont que des réducteurs d'incertitude : il ne faut donc pas leur demander de prédire le succès ou l'échec d'une campagne (2).

Les pré-tests sont cependant utiles pour vérifier qu'on ne fait pas fausse route de manière évidente, pour valider un axe, une promesse (l'avantage pour l'acheteur).

Les pré-tests sont réalisés auprès d'un échantillon de la cible, sur le matériel publicitaire qu'on prévoit d'employer (annonces dans la presse, affiches, films pour le cinéma et la télévision, spots pour la radio), et cela dans des conditions les plus proches possible

---

(1) « Pré-tests publicitaires : le poids des mots », CB news, 5 avril 1993 ; A. Davison, « La contribution des tests de communication au développement de campagnes efficaces », Revue Française du Marketing, 1/1993.

(2) Les pré-tests se déroulent souvent de manière artificielle, ils ne bénéficient pas de l'effet de répétition-fondamental, etc.

pré test de film t.v.

objet :

Vérifier, avant le passage à l'antenne que le film publicitaire communique convenablement tous les éléments de la copy stratégie.

méthode :

Deux remarques doivent être faites préalablement qui expliquent le choix de la méthodologie de pré-testing filmique proposé par la SOFRES.

1 – Le produit présenté joue un rôle évidemment très important et l'individu interrogé placé en situation de juge centrera toutes ses réponses et son attitude sur ce produit et ce qu'il sait déjà de lui. C'est tout un back-ground d'informations multiples et confuses qu'il utilisera pour chercher à interpréter l'intention du publicitaire.

Dans un second temps, le film est présenté dans sa version intégrale et l'individu est invité à reprendre ses réponses à l'aide du complément d'information que lui apporte la bande sonore et, lorsqu'elle a été tronquée, l'intégralité de la bande image.

Les études sont menées dans les studios de la SOFRES par des enquêteurs psychologues professionnels.

Selon les cas – nombre de versions du film notamment, l'étude porte sur 20 à 40 entretiens de personnes sélectionnées dans la cible visée par la campagne et recrutées spécifiquement pour le test.

2 – L'histoire racontée par le film (support du « bénéfice » offert au téléspectateur) jouera dans la réalité un rôle très important pour la mémorisation du film, l'image qu'elle créera autour du produit, et les réactions qu'elle suscitera chez l'individu.

Partant de ces remarques, nous proposons la méthode suivante :

- Présentation du film en muet et, dans certains cas, après avoir raccourci les séquences de présentation prosaïques du produit.

- L'interviewé est interrogé à l'aide de questions très générales, permettant surtout de mettre en avant la richesse d'évocation du scénario, le pouvoir d'identification de l'individu à l'évènement présenté, (qui sont les gens ? que font-ils ? que feront-ils après ? qu'ont-ils fait avant ? ...)

délai :

Environ 4 semaines à compter de la remise de la bande magnétoscope.

budget :

Pour 20 entretiens analysés et la fourniture d'un rapport de synthèse 19 500 F.

Fig. 23. — Pré-test de film TV. (Source : Sofres, 1972.)

des conditions réelles d'exposition — mais c'est en réalité très difficile d'y arriver.

On cherche ainsi à vérifier certains des paramètres fondamentaux pour le succès de la politique de communication :

— *l'attention* : combien de personnes se rappellent-elles avoir vu le message testé ?

— *l'identification* : a-t-on bien associé le message ou le produit présenté à la marque, à l'annonceur ?

— *la compréhension* : a-t-on perçu la signification que le publicitaire voulait donner au message ?

— la *crédibilité* : l'argumentation a-t-elle porté ? Le prospect peut-il croire ce qu'on lui affirme ?

— *la suggestibilité :* le contenu latent du message, sa signification symbolique provoquent-ils dans l'esprit du public visé des associations favorables au couple marque-produit ?

— *l'intérêt « positif » :* le message provoque-t-il un intérêt suffisant, pouvant aller jusqu'à l'achat ?

1. Les techniques pour tester avant lancement

A) *Les interviews après une exposition provoquée :*

1) La méthode du *folder test* ou *cahier d'annonces* publicitaires. Plusieurs cahiers contiennent chacun une version différente de l'annonce à tester. On les fait consulter chacun par un groupe différent de personnes d'un même échantillon, qu'on interroge tout de suite après, puis vingt-quatre ou quarante-huit heures plus tard : il s'agit de vérifier ce qu'elles ont perçu, compris, identifié... et mémorisé. Les limites de ce test tiennent à sa structure même : les annonces ne sont pas dans leur contexte naturel (un périodique) mais dans un recueil artificiel.

On a essayé d'adapter cette technique à d'autres media : c'est très facile pour la radio, et même proche de la réalité ; très difficile pour les spots de télévision et de cinéma, car il n'est pas question, étant donné le coût, d'en réaliser plusieurs à tester : on se contente donc de présenter aux interviewés une « animatique » — montage de diapositives et d'une bande sonore — voire une ébauche de spot tournée en vidéo.

2) *La revue d'expérience* est une tentative pour éliminer l'aspect artificiel du *folder test* : on insère les annonces dans une véritable publication et on interroge les différents groupes de l'échantillon comme dans le cas précédent.

3) La méthode des *entretiens familiaux* pour pré-tester les spots de télévision : on insère par un montage vidéo les messages dans une bande magnétoscopique composée de spots publicitaires et d'un programme de quinze minutes environ, et on le projette à domicile devant une famille, l'échantillon complet étant d'une dizaine ; on estime que la méthode tient assez bien compte des conditions réelles d'exposition.

B) *Les tests en laboratoire*. — Ce sont également des méthodes d'exposition provoquée, mais dans des locaux spécialement aménagés permettant l'emploi de certains appareils.

1) *Le tachytoscope* permet de projeter les annonces pendant des temps allant de 1/250 de seconde à 1 seconde ou plus, ce qui permet d'essayer de reconstituer les conditions précaires dans lesquelles on est souvent exposé à la publicité : le message ne dispose en effet le plus souvent que de très peu de temps pour attirer l'attention, être identifié, inciter à acheter ou à en savoir plus... Ce test permet d'estimer l'indice global d'efficacité du message sous la forme du temps moyen nécessaire pour en percevoir l'essentiel, et également une sorte de classement de l'ordre dans lequel chaque élément de l'annonce est perçu et le temps qu'il faut pour l'identifier (3).

2) *Le test d'observation du regard ou test de lecture*. On montre à chacun des interviewés, un par un, les différentes versions de l'affiche ou de l'annonce et on enregistre à l'aide d'une caméra spéciale (4) *(eye camera)* les mouvements oculaires ; à la projection, on peut tracer le parcours des yeux et repérer le trajet suivi, les retours sur certains éléments, les arrêts et les temps d'arrêt.

Ce test est complémentaire de celui du tachytoscope, et relève « objectivement » — puisque le cobaye n'a rien à se rappeler — les points forts du message.

3) *Le test AMO* (appareil de mesure d'observation) (5) est constitué d'un dossier d'une dizaine de pages métalliques sur lesquelles sont fixées des annonces (dont celle à tester), et d'une demi-douzaine de chronomètres dissimulés dans le dos du dossier, destinés à mesurer le temps pendant lequel chacun feuillette, s'arrête sur telle annonce. On interroge ensuite les cobayes sur les divers éléments perçus, parfois à plusieurs reprises à quelques jours d'intervalle. On essaie ainsi de déterminer la valeur d'attention de deux versions d'une même annonce, ou d'une annonce par rapport à d'autres études et étalonnées au préalable.

4) *Les tests linguistiques et sémiologiques* :

— En France, les indices de Haas cherchent à mettre en valeur un premier rapport « dynamique » entre verbes et substantifs dans

---

(3) On emploie aussi le test tachytoscopique pour savoir si on peut repérer rapidement un contenant (boîte, flacon, bouteille) sur les étagères d'un magasin en libre service, où la vente est visuelle. Ce test permet également de vérifier si le message ou le conditionnement accroche tout de suite et si on les reconnaît (association entre le produit et la marque) ou s'ils sont à revoir.

(4) C'est Emile Javal, directeur du laboratoire d'ophtalmologie de la Sorbonne, qui a mis au point cet appareil vers 1900, pour étudier le processus de lecture visuelle.

(5) Mis au point par Armand Morgensztern, ancien directeur de la recherche fondamentale de Publicis.

le texte publicitaire : on sait qu'une prédominance de verbes renforce l'impression de mouvement, d'action ; et un deuxième rapport « publicitaire », par opposition à littéraire : il faut utiliser des mots « principaux », qui signifient plus que les mots outils complémentaires.

— Aux Etats-Unis, on utilise les indices de Flesh, qui comprennent : un indice de facilité de lecture *(easy reading score)*, puisqu'en général la valeur d'attention croît avec cette facilité ; et un indice d'intérêt humain *(human interest formula)* qui s'appuie sur l'opinion que plus il y a des « références personnelles » dans un texte — comme des fragments de conversation, des expressions exclamatives, suspensives, impératives, etc. — plus ce texte suscite d'intérêt.

C) *Les simulations complexes.* — Il s'agit dans ce cas de simuler, grâce à une véritable campagne — ou fraction de campagne — mais à échelle réduite, une exposition « naturelle » à la publicité, dont on extrapolera ensuite les résultats estimés. Cette méthode est d'autant plus coûteuse qu'il faut non seulement produire de vrais messages (annonces, spots radio et télévision), mais les insérer dans de vrais supports pour qu'ils soient réellement perçus par un échantillon de la cible visée — tout cela devant servir à maintenir tels quels les messages ou à les améliorer pour le lancement de la campagne en grandeur réelle.

Voici quelques-unes des techniques utilisées :

1) *La fausse revue* est semblable en tous points à la vraie publication et contient une ou plusieurs variantes de l'annonce à tester (comme dans le cas de la revue d'expérience examinée plus haut) ; on la distribue à un échantillon de la cible avant de l'interroger. On peut aussi imprimer quelques centaines d'exemplaires du tirage normal d'une revue avec les annonces à tester, et interroger ensuite les lecteurs habituels — faisant partie de la cible — qui l'auront reçue.

2) *Le « split-run »* est une technique assez utilisée, parce que plus facile que la précédente, où on insère deux variantes d'un même message dans le même numéro d'une publication, à raison d'une variante par moitié de tirage. Cela se pratique surtout avec les numéros diffusés par abonnement, car cela permet d'échantillonner et de localiser parfaitement les personnes à interroger pour comparer l'effet produit par chacune des versions (6).

3) La méthode « télépact » est l'utilisation de ce type de simulation complexe appliquée à la télévision : les spots à tester sont

(6) Les firmes qui emploient la publicité directe pour la distribution de leurs produits emploient la technique du *split-run* pour chercher la meilleure de deux versions d'un même coupon-réponse à renvoyer : en principe celui qui a le meilleur « taux de remontée » ou retour.

bilan de campagne affichage

objet :

Mesurer par une étude « avant-après » les conséquences d'une campagne d'affichage.

méthodologie :

1er temps : Avant-campagne.

On détermine :

- Les différents niveaux de notoriété de la marque qui bénéficiera de la campagne et des marques concurrentes (top of mind, notoriété spontanée, notoriété assistée).

- La position de la marque par rapport à deux ou trois marques concurrentes sur les principaux items d'images et axes de campagne objectifs de la copy stratégie.

- Enfin, les habitudes d'achat ou de consommation du produit.

Cette première phase permet d'effectuer un « point zéro » et sert de base de comparaison pour les résultats obtenus « après campagne ».

2ème temps : Après-campagne.

Auprès d'un échantillon apparié de la population de la (ou des) ville (s) retenue (s), des interviews sont effectuées abordant les thèmes suivants :

- Reprise des questions posées dans la phase avant campagne.

- Questions sur la mémorisation de l'affichage et restitution des différents éléments.

- Des questions sur l'exposition au media affichage et éventuellement aux autres media utilisés dans la campagne.

échantillon :

500 interviews : 250 à chaque vague.

Les interviews sont réalisées à domicile à partir des points de chute tirés au sort dans la ville (ou dans l'agglomération). 1ère et 2ème phases sont réalisées à partir des mêmes points de chute de façon à obtenir des échantillons dont la probabilité d'exposition aux media (et notamment au media affichage) soit le plus comparable possible.

budget-délai :

500 interviews de ménagères ou femmes	→ 32 000
500 interviews d'individus (hommes + femmes)	→ 34 000
500 interviews d'hommes	→ 36 500

Délai de réalisation :

4 semaines après le début de la 2ème vague d'enquête.

Fig. 24. — Bilan de campagne d'affichage. (Source : Sofrès, 1972.)

passés sur les périphériques Télé Monte-Carlo ou Télé Luxembourg et on interroge ensuite les échantillons de la cible qui ont été exposés aux messages.

4) On peut même simuler une campagne d'affichage en placardant quelques variantes de l'affiche dans quelques emplacements bien choisis et en interrogeant ensuite les passants exposés.

Toutes ces simulations utilisent à petite échelle — et avec beaucoup de difficultés — les techniques employées dans les marchés tests (7) — modèle partiel de ce que sera la campagne à l'échelon national — et qui relèvent tout autant des post-tests.

(7) Avant de lancer un produit sur le marché national, on fait parfois un lancement préalable dans une zone restreinte (le marché test) mais

II. — Les tests après lancement

Les techniques que nous venons d'examiner sont utiles — bien que difficiles à mettre en œuvre parfois — si elles sont bien employées. Celles que nous allons voir sont non seulement utiles mais indispensables, car il s'agit maintenant du contrôle de l'action de communication.

Nous savons que la publicité agit sur les individus à trois niveaux :

— le cognitif, domaine de la connaissance, de l'information ;
— l'affectif, domaine des attitudes, des motivations profondes ;
— le conatif, domaine du comportement, de l'action.

Selon donc les objectifs qu'on aura assignés à la publicité, on cherchera à savoir s'ils ont été atteints à l'aide d'instruments d'évaluation de l'efficacité de la communication (les différents tests) (8).

1. **Le domaine du comportement.** — Précisons tout de suite que la publicité n'étant qu'un des éléments du *marketing-mix*, les autres facteurs d'action sur le marché comme le prix, la distribution, la qualité — réelle ou perçue — du produit, l'action de la concurrence — et entre autres sa publicité — influent aussi sur le comportement de l'acheteur et donc sur les ventes : on ne peut dès lors pas estimer l'efficacité d'une action de communication à partir de là, hormis le cas particulier de la promotion des ventes, qui est destinée précisément à stimuler directement la demande (voir plus bas). Il existe cependant un moyen de rapprocher les ventes de l'éventuel impact de la campagne de publicité, lorsque des produits (de grande consommation et d'achat répétitif) sont suivis par un panel d'acheteurs qui suit également l'exposition aux media et aux supports : on peut alors comparer le comportement d'achat — avant et après la campagne — de trois groupes de

néanmoins représentative du marché national, et on teste à cette occasion, entre autres choses, la politique de communication, de prix, de distribution... et la réaction des acheteurs potentiels (voir, pour plus de détails, A. Dayan, Le marketing, coll. « Que sais-je ? », op. cit.).

(8) Ch. Bialobos, « Marchés-test : les extralucides du marketing », L'Expansion, 17 septembre 1992.

panélistes : ceux qui n'ont pas été exposés, ceux qui l'ont été faiblement, ceux qui l'ont été fortement. On appelle cette méthode *le croisement media-produits*.

2. **Le domaine de la connaissance.** — Il s'agit ici de savoir qui a été exposé aux supports de la campagne, qui a été exposé aux messages, qui a perçu quoi ?

a) *La mesure de l'audience* cherche à répondre aux deux premières questions. Pour ce qui concerne la presse, il suffit de connaître la diffusion du support et son taux de circulation, ainsi que celui de pénétration pour avoir une évaluation non seulement quantitative mais également qualitative.

C'est moins facile pour la radio et la télévision. Des audimètres, appareils enregistreurs, sont installés dans les récepteurs d'un échantillon important et indiquent les moments où l'appareil est allumé — et la chaîne sur laquelle il est branché — sur des feuilles régulièrement relevées qui permettent l'établissement de statistiques d'audience ventilées selon différents critères (9) (10).

b) *La mesure de la notoriété* cherche à évaluer l'impact de la campagne en étudiant l'écart entre la période qui l'a précédée immédiatement et celle qui lui a succédé : on interroge un échantillon avant et après, ainsi que, parfois, deux échantillons identiques, avec les mêmes questionnaires, les mêmes enquêteurs, etc.

La véritable estimation de la notoriété et de son augmentation ou non ne peut provenir que de la citation spontanée en réponse à la question : « quelle marque de chocolat pouvez-vous citer ? » (11). On peut ajouter que les Américains appellent le *top of mind* ou première marque citée.

c) L'évaluation de la *reconnaissance* est faite en France à l'aide de la méthode Vu/Lu (attention superficielle/attention plus approfondie), aux Etats-Unis à l'aide des méthodes Gallup-Robinson et Starch.

— Dans le *Gallup-Robinson* on montre quelques jours après la parution du message dans la presse, à 200 personnes choisies parmi les lecteurs effectifs ou « prouvés » du périodique, une liste de

___

(9) On procède également aux Etats-Unis, où le téléphone est partout, à des sondages téléphoniques, ce qui permet de savoir quelle était l'audience effective au moment du passage du spot.

(10) Le *day after recall* (ou DAR) est une technique d'impact des messages télévisés : on administre à domicile, dans les 24 heures qui suivent le passage à l'antenne, un questionnaire à environ 200 personnes susceptibles d'avoir vraiment été en contact avec le spot, et on cherche le score « prouvé » d'audience à partir de la vérification du souvenir sur le contenu du message.

(11) Pourtant de nombreuses enquêtes portent sur la « notoriété assistée » : « citez les marques que vous connaissez sur cette liste »... alors qu'on sait bien que personne ne dira spontanément ne pas connaître telle ou telle marque.

marques, chacun devant alors dire s'il se rappelle avoir vu dans ce support une annonce de la marque testée : on obtient ainsi, après une douzaine de parutions dans un numéro d'une publication, un score de mémorisation brute et un score de mémorisation prouvée.

— Dans le *Starch*, c'est en feuilletant devant l'enquêteur la publication que chaque interviewé relève les annonces qu'il doit avoir vues précédemment (12). Cette méthode est sujette à caution, car non seulement on ne peut pas vérifier les affirmations des interviewés, mais ils peuvent « reconnaître » une annonce qu'ils ont en réalité vue ailleurs.

— Une autre technique, celle des *caches*, est utilisée aussi bien pour la presse que pour la radio et la télévision, dont on se sert des vrais messages, mais en cachant ce qui pourrait servir à identifier l'annonceur (la marque, par ex.) : on obtient alors à la fois la valeur d'attention du message et l'association faite avec la marque ou l'annonceur.

d) L'évaluation de la *mémorisation*. Le Gallup et Robinson cherche à évaluer le souvenir spontané et de fraîche date, alors que le Starch cherche à évaluer le souvenir provoqué ou assisté ; en cela, ces techniques évaluent l'impact immédiat, à court terme, d'un message, mais non celui à moyen et long termes. Or ce qui intéresse l'annonceur c'est l'effet de rémanence de sa communication, c'est qu'on se rappelle son produit et l'image qu'il veut en donner le plus longtemps possible... En d'autres termes, comme le produit se vend en permanence mais que la publicité n'est pas toujours présente, il faut obtenir la démémorisation la plus lente possible.

Les travaux de Poffenberger et de Zielske sur le comportement du souvenir (13) (fig. IV.3) sont à l'origine des recherches d'A. Morgensztern. Le premier a étudié la déperdition du souvenir en fonction du temps ; le deuxième a montré que si la parution hebdomadaire procurait un très fort pourcentage d'interviewés se souvenant de la publicité, il décroissait ensuite très vite et très fortement, alors que le même nombre de parutions, mais à quatre semaines d'intervalle, procurait plus de souvenir à plus de gens.

En 1969, M. Hugues a proposé une formulation mathématique de la mémorisation des messages publicitaires en fonction du temps

---

(12) On distingue les lecteurs qui ont seulement vu l'annonce, ceux qui l'ont en partie lue et ont identifié l'annonceur et ceux qui ont lu presque tout le contenu.
(13) H. A. Zielske, The remembering and forgetting of advertising, Journal of Marketing, janv. 1959.

et de la répétition, et, à partir de 1971, A. Morgensztern a développé ses recherches (14) pour aboutir à ces résultats :

— au premier contact avec le message, le souvenir dépend d'un coefficient unique β ;
— à chaque nouveau contact avec ce message, une fraction constante (le β) prise parmi ceux qui n'avaient pas mémorisé la fois précédente s'ajoute à ceux qui avaient mémorisé précédemment ; ainsi pour $\beta = 10\%$, on aura en trois expositions : 10% de mémorisés, puis $10\% + 9\%$, puis $10\% + 9\% + 8,1\%$ $= 27,1\%$, et ainsi de suite.

Il faut donc avant tout découvrir le β de chaque premier contact avec un message (15), selon le support et le medium.

L'oubli doit être aussi pris en compte : il soustrait une fraction de mémorisation à chaque nouvelle période de non-exposition, c'est la dé-mémorisation.

Mais si un minimum de contacts sont nécessaires pour l'efficacité de la communication, un seuil maximal existe aussi (fig. 24), car la répétition lasse ou fait disparaître du champ de la conscience le message qui se sera banalisé ou fondu dans le décor... et en tout cas ne sera plus perçu.

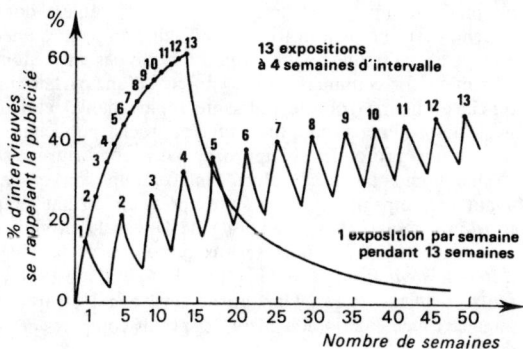

Fig. 25. — Le souvenir de la publicité. (Source : H. A. Zielske, The remembering and forgetting of advertising, art. cité.)

(14) Voir compte rendu des XIIIes Journées d'études de l'IREP, oct. 1974.
(15) Il semblerait que les β moyens soient assez stables pour chaque medium : radio 5% ; annonces en couleurs dans les magazines 10% ; télévision 17% pour les spots de vingt secondes ; cinéma 70%.

3. Le domaine de l'attitude. — On peut modifier son comportement rapidement et de manière ponctuelle, et revenir tout aussi vite au précédent (16), on ne change pas d'avis sur une marque ou un produit aussi facilement. Le résultat est que les produits et les marques gardent longtemps une même image, bonne ou mauvaise, et qu'il est long et difficile de l'améliorer.

La publicité, ainsi que d'autres formes de communication, comme les relations publiques, s'y emploient pourtant, et il faut essayer d'en évaluer l'efficacité.

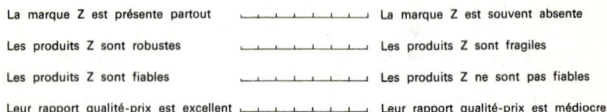

La marque Z est présente partout	|_,_,_,_,_,_,_|	La marque Z est souvent absente
Les produits Z sont robustes	|_,_,_,_,_,_,_|	Les produits Z sont fragiles
Les produits Z sont fiables	|_,_,_,_,_,_,_|	Les produits Z ne sont pas fiables
Leur rapport qualité-prix est excellent	|_,_,_,_,_,_,_|	Leur rapport qualité-prix est médiocre

Fig. 26. — Les échelles d'attitude ou d'opinion du différenciateur sémantique, utilisées pour tester, avant et après la campagne de publicité, l'idée qu'on se fait de la marque et de ses concurrents.

L'image est ce qu'on pense d'un produit ou d'une marque — sur un plan rationnel, « technique » — et la manière dont on les ressent — sur un plan irrationnel, affectif : on peut estimer qu'une voiture est de bonne qualité et pourtant ne pas en vouloir, ne pas « l'aimer ». La communication s'efforcera d'une part de convaincre qu'elle est bonne (robuste, puissante, rapide, fiable), et d'autre part de la faire aimer (voir plus haut l'approche publicitaire par les motivations profondes et l'approche par le conformisme social).

Une bonne façon d'évaluer l'image, l'opinion qu'on se fait avant la campagne, tout de suite après, un certain temps après (quelques mois), et tout au long de la vie du produit et de la marque, consiste à soumettre aux personnes de la cible utile le *différenciateur sémantique* (17) (fig. IV . 4) et de tester les concurrents en même temps. On obtient ainsi avant et après la campagne, et même périodiquement, les profils comparés des marques du marché.

(16) C'est ce qu'on fait quand on achète une autre marque de spaghetti « pour les essayer », et qu'on revient aux anciens la semaine d'après.
(17) Cette technique d'évaluation, très employée en marketing parce que simple à manier et à interpréter, a été mise au point par Osgood, Suci et Tannenbaum : The measurement of meaning, University of Illinois Press, 1957.

CHAPITRE V

AUTRES FORMES
DE LA COMMUNICATION
COMMERCIALE

> « Toujours (...) se asseoyt entre deux selles le
> cul à terre, se cachoyt en l'eau pour la pluie, disoit
> la patenotre du cinge, se grattoyt où ne luy deman-
> geoyt poinct, trop embrassoyt et peu estraignoyt,
> faisoyt de l'asne pour avoir du bren... »

En plus de la publicité générale dans les grands media, des techniques complémentaires existent qui permettent de se faire connaître, de relancer un produit, de l'aider à décoller, etc. Il s'agit de la publicité directe, de la promotion de ventes, des relations publiques...

I. — La publicité directe

On appelle ainsi toutes les opérations (1) de prospection et de vente faites par voie postale, par téléphone, par distribution directe dans les boîtes aux lettres, ainsi que par voie de presse lorsqu'y figurent des coupons-réponse.

1. **Vente par correspondance** par l'intermédiaire de catalogues (La Redoute, Les Trois Suisses, la Camif, Quelle, etc.), particulièrement active dans les secteurs du textile (40 % de la vpc), de l'équipement de la

---

(1) Pour leur conférer plus de « prestige », sans doute, les professionnels les nomment dans les années 80 — mais le terme est réducteur et inapproprié — marketing direct.

maison hors textile (20 %), des revues, livres et disques (12 %), des cosmétiques, de l'horlogerie-bijouterie, de l'alimentation de luxe et des boissons...

2. **Portage à domicile,** technique mixte : on distribue directement dans les boîtes aux lettres des messages publicitaires qui relèvent souvent de la promotion des ventes (offres spéciales de réduction de prix, coupons à échanger contre des échantillons, etc.).

3. **Publipostage** proprement dit, utilisé parfois pour les biens destinés au grand public (produits de beauté et de soins Yves Rocher), mais surtout moyen privilégié de communication industrielle et professionnelle : on envoie par courrier, à des destinataires identifiés au préalable — clients ou prospects — un message composé d'une lettre d'introduction accompagnée d'une documentation technique et commerciale, d'une cassette enregistrée, d'un matériel miniaturisé...

Cette forme de communication a le grand avantage de la rapidité et de la sélectivité, car, contrairement à ce qui se passe avec les autres media, le publipostage ne connaît pas d'éparpillement, et s'il est manié avec compétence tous les prospects touchés seront entièrement dans la cible.

Cette compétence doit se manifester entre autres choses par la très grande rigueur dont on doit faire preuve pour la mettre en œuvre :

— dans la sélection des destinataires pour n'adresser le message qu'à ceux qu'il concerne (élimination des noms et des adresses périmées, par ex.) ;
— dans la mise sur pied d'un très bon fichier, dont la condition première de l'efficacité doit être la sélectivité ;
— dans la mise à jour permanente ;
— dans l'adaptation des messages : on ne s'adresse pas dans les mêmes termes à un client confirmé et à un prospect, à des interlocuteurs qui ont des types d'activité différents — et les premier, deuxième et troisième envois de la même opération ne doivent pas être identiques mais reliés entre eux (2).

(2) Voir pour une étude approfondie : Ph. Ramain, Promotion des ventes et publicité industrielles, Paris, Ed. Vendre, 1969.

Mais il ne faut pas s'arrêter là, car ce n'est qu'une étape. Le publipostage propose quelque chose ou introduit quelqu'un : il annonce par exemple la visite d'un vendeur. Il faut donc que la suite des opérations soit prévue — que les produits soient prêts à être envoyés, la force de vente prête à intervenir pour renforcer l'impact du publipostage, etc.

Il existe en effet deux formes de publicité directe : celle qui informe, celle qui vend. « Un dépliant publicitaire reçu dans une boîte aux lettres peut être tantôt un simple message, tantôt un document de vente. Dans le premier cas, il peut avertir les habitants du quartier de l'ouverture prochaine d'un magasin et les inciter à venir le visiter ; il ne se distingue pas alors du même message reproduit dans la presse locale (...), la seule différence a trait au medium utilisé (...). Dans le second cas, le plus fréquent, le message contient une proposition de vente — bon de réduction ou invitation à l'achat d'un livre par correspondance. Cette seconde formule (...) est celle qui laisse le souvenir le plus marquant : le prospect, au lieu d'enregistrer un simple appel publicitaire, accomplit un geste volontaire (...) même si cet acte consiste à s'abstenir de donner suite à l'offre. Mais ici la grammaire de la publicité directe se complique un peu : alors que dans le premier cas elle est un medium comme les autres véhiculant une action qui lui est étrangère, elle est maintenant l'action elle-même (...). On peut donc dire qu'existent : la *publicité directe* — considérée comme un medium — et la *vente directe* — capable d'utiliser tous les media » (3).

4. **Vente par téléphone,** très pratiquée aux Etats-Unis, embryonnaire en France pour des raisons culturelles et d'insuffisance d'équipement téléphonique.

II. — La promotion des ventes

La promotion est un élément de *marketing-mix* dont l'objectif spécifique est de développer les ventes d'un produit (4). Mais alors que la publicité générale agit à *long terme* pour *modifier les attitudes* — en agissant sur la notoriété et l'image du produit de manière durable — la promotion agit à très *court*

(3) Cl. Vielfaure, Spectrographie de la publicité directe, dans Communications, n° 17, Paris, Le Seuil, 1971.
(4) Voir pour une étude complète : L. Troadec, Manuel de promotion des ventes, Ed. d'Organisation, 1975, et A. Dayan, A. et L. Troadec, Promotion des ventes et p.l.v., coll. « Que sais-je ? », n° 2482, PUF, 2e éd., 1995.

terme pour *modifier les comportements* : pousser à l'achat en proposant un avantage circonscrit dans le temps et dans l'espace, le plus souvent sans rapport aucun avec la qualité ou les caractéristiques propres du produit (5).

En réalité, la promotion est une technique mixte qui relève autant sinon plus de la vente et de la distribution. En effet, si par son aspect extérieur la promotion destinée à la clientèle potentielle a un aspect publicitaire (affichage, presse, radio claironnent le message promotionnel, d'autant plus fort qu'il s'agit de produits de grande consommation), la promotion est plus peut-être une technique de vente et d'aide à la diffusion des produits.

Par ailleurs, ce qui précède concerne la promotion en direction des acheteurs, mais la promotion comprend deux autres branches très importantes, l'une qui s'adresse aux intermédiaires de la distribution, l'autre à la force de vente de l'entreprise :

1. **La promotion destinée à l'acheteur** cherche à : faire connaître ou essayer un produit ; augmenter la quantité achetée par chacun ; accroître le nombre d'acheteurs ; fidéliser les consommateurs ; réduire la saisonnalité des ventes ; lutter contre les actions des concurrents...

2. **La promotion destinée aux distributeurs** cherche à : faire référencer un produit ; obtenir une « mise en avant » sur le linéaire de vente ; augmenter la longueur de linéaire accordée au produit ; accroître la quantité de produits en stock ; réduire le caractère saisonnier des commandes et des ventes ; maintenir les référencements acquis.

---

(5) La promotion offrira une réduction du prix unitaire, une plus grande quantité pour le même prix, une prime, un échantillon...

3. **La promotion destinée à la force de vente** de la firme incite les vendeurs à : faire référencer les produits nouveaux par les distributeurs, souvent réticents ; augmenter les quantités vendues ; animer les points de vente ; lutter contre les actions de la concurrence ; dynamiser les équipes de vente, etc.

4. **Pour ce qui concerne la promotion destinée aux acheteurs,** qui seule a une parenté avec l'action publicitaire, elle intervient principalement à deux stades du cycle de vie du produit : lors du lancement, pendant la maturité.

A) Lorsqu'un produit est lancé, il faut lui donner les meilleures chances de décollage et de survie : la promotion est une de ces armes, et les actions publipromotionnelles de lancement sont indispensables, dans la situation de marché que nous connaissons depuis une trentaine d'années, pour la grande majorité des biens de grande consommation. Ces actions coûtent cher (échantillonnage, réductions de prix sous toutes les formes...) et doivent être considérées comme un investissement consenti pour en récolter les fruits pendant les phases suivantes de la vie du produit.

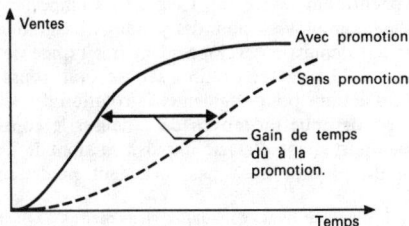

Fig. 27. — La promotion et le temps de pénétration du produit.

B) Lorsque ce produit, en phase de maturité, entre dans une phase proche de la saturation et du déclin, on peut essayer de le relancer pour en tirer le maximum avant sa disparition. Les actions promotionnelles cherchent alors à augmenter les quantités achetées par chacun de manière habituelle, ainsi qu'à drainer un type de clientèle qui achète essentiellement « les promotions » et se moque des marques. Mais le succès n'a qu'un temps, celui de la promotion — les cas de « relancement » réussi de manière durable étant rares.

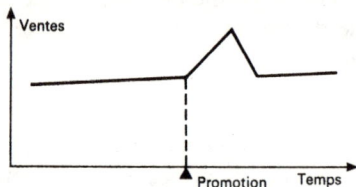

Fig. 28. — Augmentation ponctuelle des ventes à la suite d'une promotion.

Les techniques utilisées en promotion des ventes peuvent être regroupées en quatre types :

a) les réductions de prix (bons de réduction, offres spéciales...) ;
b) les primes (directes, « produit en plus »...) ;
c) les échantillons et essais (petite quantité de produit, cadeau, dégustation...) ;
d) les jeux (concours, loteries...).

Les techniques de promotion sont soumises, en raison d'abus commis sous le prétexte de la concurrence dans les années 60-70, à une réglementation sévère (6). Cela ne les empêche pas d'être de plus en plus employées pour les produits de grande consommation, surtout depuis le développement très rapide de la grande distribution en discount et en libre-service, qui pousse les producteurs à ces actions pour augmenter la rotation des ventes. « La promotion est devenue un moyen de canaliser le consommateur qui a un comportement d'achat impulsif et dont le choix de la marque ou du produit n'est pas fortement prédéterminé. Elle

(6) Pour voir plus clair dans ce maquis réglementaire : P. Burnel, S. Gaymard, G. Goldman, Les actions promotionnelles, coll. « Guides d'autoformation », Paris, Ed. d'Organisation, 1985, et A. Dayan et A. et L. Troadec, Promotion des ventes et p.l.v., coll. « Que sais-je ? », n° 2482, PUF, 2e éd., 1995.

devient d'autant plus performante que les produits sont peu différenciés et qu'ils s'achètent dans un contexte de faible sensibilité de
l'acheteur à la marque » (7).

III. — La publicité sur le lieu de vente

Voici une autre forme de la communication commerciale, omni-
présente dans les grandes comme dans les petites surfaces, puisque
la PLV désigne toutes les manifestations publicitaires sur le lieu de
vente. Pourquoi ajouter à la publicité générale dans les grands
media ? Parce que « la multiplication des pressions publicitaires
fait qu'on ne perçoit pas systématiquement tous les messages qui
nous sollicitent ; l'une des faiblesses de la publicité est donc une
incapacité de communication instantanée (...) [et] l'aspect le plus
négatif de la publicité réside peut-être dans le temps mort qui
s'écoule entre le moment de la perception et celui de l'achat, durant
lequel l'effet de la publicité se dégrade progressivement (...). Il faut
donc rapprocher au maximum le temps de la publicité du temps de
la vente [grâce à la PLV] » (8).

C'est pourquoi la PLV orientée vers le consommateur le touche
lorsque, préalablement sensibilisé par la publicité générale, il
pénètre dans le lieu de vente : agissant par un mécanisme de rappel
à l'aide de la marque ou du slogan, elle aide au déclenchement
du réflexe d'achat ; elle amplifie en effet le phénomène d'achat
d'impulsion. Mais faut-il préciser qu'une des conditions premières
de la réussite d'une PLV est tout simplement la bonne volonté et la
coopération du détaillant ? Il faut donc le convaincre de mettre en
place affichettes et mobiles, banderoles et présentoirs... alors que
les concurrents font de même avec leur matériel.

La PLV extérieure désigne les éléments de signalisation (lambre-
quins, enseignes) et d'exposition des produits. La PLV intérieure
désigne les éléments publicitaires (affichettes, mobiles) et promo-
tionnels (prolongateurs de rayon, distributeurs rotatifs) qui cherchent à inciter directement à l'achat.

La PLV aide au lancement d'un produit de grande consommation,
intervient en appui d'une campagne publicitaire ou promotionnelle,
en rendant la marque présente dans le magasin. Elle aide aussi à
« animer » les ventes, en utilisation couplée avec les actions promotionnelles, en aide à la « vente visuelle », en « dramatisation »
d'opérations ponctuelles lors d'occasions (fêtes des pères, des
mères, de fin d'année...) particulièrement favorables à la vente.

(7) Dayan, Bon, Cadix, de Maricourt, Michon, Ollivier, Marketing,
op. cit.
(8) M. Cohen, La publicité sur le lieu de vente, Dunod, 1970.

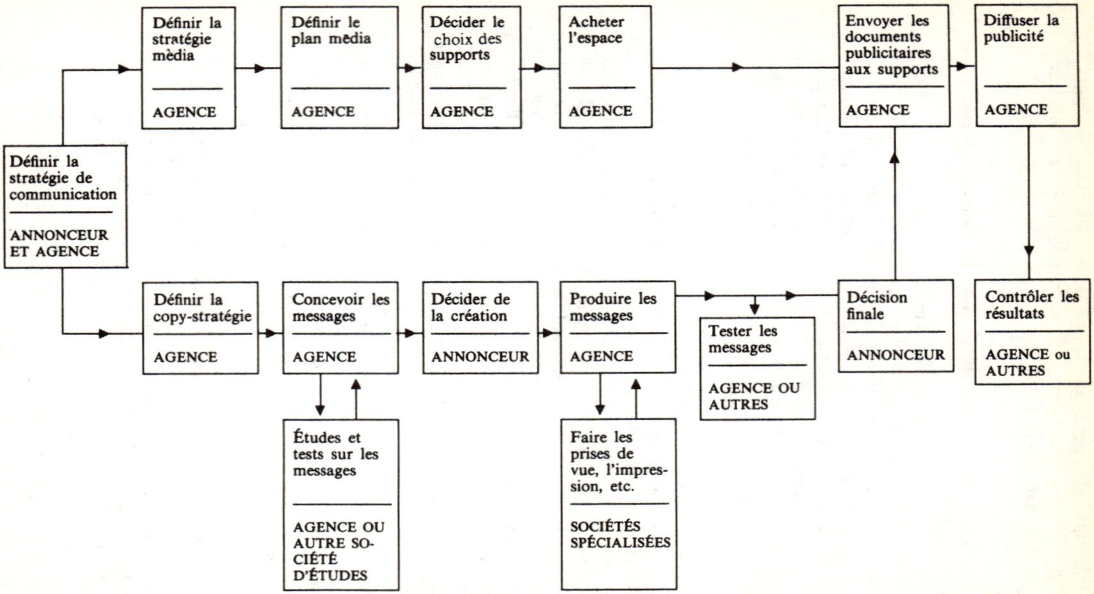

Fig. 29. — Le partage des tâches entre annonceur et agence
(d'après K. Longman, Advertising, Harcourt, Brace, Jovanovitch, éd., 1979)

114

IV. — Les relations publiques

Les relations publiques (RP) sont « l'ensemble des actions concertées, exercées par une organisation sur l'opinion de ses publics, pour en infléchir en sa faveur les attitudes et les comportements » (9). Les RP ne cherchent pas un résultat immédiat, et surtout pas, par exemple, un accroissement des ventes à court terme. Elles essayent plutôt de donner de l'organisation (entreprise, association, musée, « grande cause »...) une idée générale favorable : « voici ce que le pays, la collectivité retire de notre action, en voici les retombées positives », etc. (10).

Les RP ont donc un objet très large, visent « l'opinion », c'est-à-dire de nombreux groupes de publics différents — acheteurs, consommateurs, distributeurs, prescripteurs, etc. — et ne doivent pas se contenter de « monter des coups », mais maintenir une politique suivie de présence discrète sachant exploiter toutes les circonstances favorables pouvant bénéficier à l'image de l'organisation auprès d'un ou de plusieurs de ses publics. Une opération « portes ouvertes » pour faire visiter l'usine au public, aux élèves des écoles, etc., à l'occasion par exemple du 25e anniversaire de la création de l'entreprise est une opération de relations publiques.

V. — Le parrainage ou sponsoring

Tout le monde connaît les bateaux *Charente-Maritime*, *Kriter*, *Crédit agricole* ou *Elf-Aquitaine* et sait qu'il s'agit là de marques ou du nom d'une région française. Il s'agit en effet de parrainage sportif (en anglais *sponsoring*) permettant à une organisation

(9) G. Leroy, Douze leçons sur les relations publiques, Encyclopédie des relations publiques, t. 1, Paris, Information et Publications Ed., 1967.
(10) « Nous contribuons au renom de notre pays à l'étranger » ; « Nos chercheurs font avancer la science »...

à but lucratif ou non de financer un champion, une équipe... qui, en courant sous ses couleurs et largement relayés par les grands media, constitueront de puissants supports. C'est en fait une technique de communication commerciale parmi les autres, mais nouvelle en France, mise en œuvre par les annonceurs (ou d'autres) pour associer leur firme, leur produit, leur marque, leur région... à un événement sportif — ou culturel — dans l'esprit du grand public (11).

VI. — Quelques autres formes de communication publicitaire

A tout ce qui précède il faut ajouter d'autres manifestations de la communication commerciale, employées chacune dans son domaine d'efficacité propre : ainsi la publicité par l'objet (cendriers, porte-clefs...) avec son aspect nettement promotionnel, ou les salons, foires, expositions, les caravanes publicitaires (le Train Forum), la présentation et démonstration de matériels... particulièrement adaptés au milieu industriel.

ANNEXE V-1. — *L'agence et les métiers de la publicité*

1. *L'agence de publicité joue trois rôles* (12) vis-à-vis de ses clients annonceurs :

— celui de créateur de messages, qu'elle réalise et fabrique également ;

(11) Voir pour une étude approfondie : Uda et S. Piquet, Sponsoring et mécénat, la communication par l'événement, Vuibert Gestion, 1985.
(12) A l'origine des agences de publicité on trouve les régisseurs indépendants : les journaux parisiens imitent La Presse, le journal qu'Emile de Girardin lance en 1840 à moitié prix en le finançant grâce à la publicité, mais pour ne pas prospecter eux-mêmes les annonceurs, ils confient ce travail à ces régisseurs, véritables « courtiers en espace publicitaire », rémunérés par une commission, un pourcentage du prix de l'espace vendu. Les premières agences s'occupant de création publicitaire datent des années 1870 aux Etats-Unis (Bates, Ayer, J. Walter Thompson), et des années 30 en France (Publicis, de Marcel Bleustein-Blanchet en 1927 — cf. La rage de convaincre, éd. R. Laffont, 1970).

— celui de conseil en communication (aide à la détermination de la stratégie publicitaire et conception de la campagne) (13) ;
— celui d'intermédiaire vis-à-vis des media (achat d'espace), des cabinets extérieurs chargés de travaux annexes de marketing (études de marché, de motivation), des imprimeurs chargés de l'édition de matériel tel que brochures, catalogues, notices, affiches, etc.

2. *La composition de l'agence, les hommes et leurs fonctions.* — Dans une grande agence à *service complet* on trouve plusieurs « *cellules* » *de publicité* comprenant chacune un *chef de publicité* (et ses assistants), responsable d'un ou plusieurs budgets d'annonceur, et qui constitue le lien entre l'agence et son client : il coordonne par exemple tous ceux qui participent à la campagne et il veille à sa bonne fin.

— Les chefs de publicité dépendent de chefs de groupe ou *directeurs de clientèle*, eux-mêmes dépendant du directeur commercial de l'agence — et tous doivent être des hommes de marketing.

— Le département de la *création* regroupe, dépendant du directeur de la création, ceux qui sont chargés de traduire les recommandations du marketing de l'annonceur en expression publicitaire : *les concepteurs-rédacteurs* et les *concepteurs-graphistes* (également appelés directeurs artistiques), travaillant en tandem et « en sympathie ». On y ajoutera, qu'ils dépendent de l'agence ou exercent de manière indépendante (en *free lance*), divers spécialistes : maquettistes, affichistes, photographes, réalisateurs de films, décorateurs, acheteurs d'art (14).

— *Le département des media* contribue au choix des media et des supports *(media-planning)*, fait des études sur les media, se charge de l'achat d'espace, vérifie l'exacte diffusion des messages remis aux diffuseurs et la facturation, et fournit à l'annonceur les justificatifs.

— *Le département de la production* fabrique — ou fait fabriquer à l'extérieur — les messages : dessins, maquettes, photos, films de cinéma et de télévision, bandes sonores pour la radio...

(13) Certains annonceurs ont créé des agences (dites captives ou fictives) qui leur appartiennent et travaillent pour eux — ainsi que pour les autres annonceurs — dans le but inavoué, semble-t-il, de récupérer la commission d'agence, qui dans le cas de produits de grande consommation est très considérable.
(14) Ceux qui procurent aux créatifs de l'agence les services extérieurs tels que les mannequins, les photographes, les cinéastes, etc.

D'autres départements peuvent ou non exister, en fonction de l'importance de l'agence :

— *Edition de matériel* de promotion des ventes, de PLV, des brochures, prospectus, notices.

— *Documentation*, en raison de l'importance des budgets traités, de la complexité de plus en plus grande de la vie économique, des services annexes plus nombreux à fournir à la clientèle...

— *Recherche* : pour mieux comprendre les mécanismes publicitaires et leur manière d'agir (mémorisation des messages, perméabilité à l'argumentation, etc.), les grandes agences ont créé ce département, dont les travaux, dans certains cas, débordent largement le seul domaine publicitaire (15).

Un dernier service est essentiel dans les agences à partir d'un certain nombre de budgets : le « planning », ou « trafic », où sont préparées, lancées, coordonnées les tâches multiples des divers services et départements engagés dans l'élaboration et la réalisation d'une campagne.

3. *La rémunération de l'agence*. — Sa base est constituée par la « commission », versée non par l'annonceur mais par les supports, en pourcentage de l'achat de l'espace publicitaire. Elle est habituellement de 15 % pour la presse, la radio et la télévision et de 20 % pour le cinéma et l'affichage. Mais de nombreux supports (surtout de presse) versent aux agences à la fin de l'année des « sur-commissions » plus ou moins occultes, calculées sur les chiffres d'affaires réalisés avec l'agence, et négociées avec l'acheteur d'espace ; elles peuvent doubler le taux de commission ordinaire, ce qui est une puissante incitation pour l'agence à prescrire ces supports à ses clients annonceurs (cf. annexe V-2, loi Sapin).

L'autre partie de la rémunération est composée d'honoraires, correspondant à des études et travaux annexes exécutés par l'agence et facturés « au prix coûtant » ou exécutés à l'extérieur et facturés avec un pourcentage de majoration, tels que la production de documents (édition) ou de spots publicitaires (télévision), l'organisation d'actions promotionnelles et la fabrication du matériel de PLV, la réalisation de conditionnements *(packaging)*, la recherche de logotypes (le losange de Renault), etc.

ANNEXE V-2. — *Réglementation de la publicité*

En plus de la loi, des coutumes et usages professionnels existent, plus ou moins « codifiés », ainsi qu'un organisme de contrôle, le BVP.

---

(15) C'est le cas du CCA (Centre de Communication avancée) du groupe Eurocom, dont on connaît les recherches sur les « styles de vie ».

1900

1906

1919

1923

1925

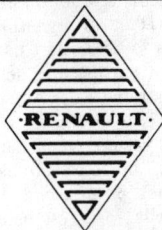

1959

1972

L'évolution d'un logotype : Renault de 1900 à 1972.

— *Les coutumes et usages professionnels* concernent les rapports entre agences et annonceurs, agences et supports, agences entre elles. Dans la première catégorie de rapports, la règle première est celle d'exclusivité : une agence ne travaille pas pour deux firmes concurrentes. La deuxième catégorie a trait à la rémunération de l'agence (la pratique de la commission) et à l'obtention d'une carte accréditive (le titre Intermedia) permettant de recevoir cette commission, carte délivrée pour un an par une Commission mixte (représentants de la presse, des autres media, des publicitaires).

— *Le Bureau de Vérification de la Publicité* (BVP), né en 1954 et rajeuni en 1973, est composé de professionnels (agences, annonceurs et supports), de représentants du Conseil national du Commerce et de l'Institut national de la Consommation (INC). Il a peu de moyens car il n'a aucun pouvoir coercitif, mais s'appuie sur la déontologie et l'intérêt pour les professionnels sérieux de faire respecter des pratiques saines et loyales : c'est là son premier but ; les deux autres sont : dire, si on le consulte, que telle publicité est conforme ou non à la réglementation, et se porter partie civile dans les instances judiciaires engagées pour faire cesser les manquements à la loi ou aux règles de la profession.

— *D'autres organismes* ont également édicté des codes de pratiques loyales : la Chambre de Commerce internationale, l'Association européenne des Entreprises de Publicité directe, l'Union internationale des Associations d'Annonceurs...

— *Lois spécifiques* pour certains produits ou secteurs. Le législateur est intervenu dans les domaines suivants : boissons alcooliques, tabac, produits médicaux, diététiques, crédit, voyages, énergie ; primes, concours et autres éléments de l'action promotionnelle ; prix, étiquetage des aliments, offres d'emploi, publicité immobilière. La loi concerne aussi les media eux-mêmes : affichage, télévision, presse pour les jeunes, voient leur utilisation soumise à des conditions restrictives.

— *La lutte contre la publicité mensongère.* — La loi du 1er août 1905 sur la répression des fraudes étant insuffisante, de même que celle du 2 juillet 1963 — la mauvaise foi d'un annonceur étant très difficile à démontrer — de nouvelles mesures ont été prises par le législateur, sous la pression de l'opinion publique et des organisations de défense du consommateur : ce sont les articles 44, 45 et 46 de la loi d'orientation du commerce du 27 décembre 1973 :

Art. 44. — I. — Est interdite toute *publicité* comportant, sous quelque forme que ce soit, des allégations, indications ou présentations fausses ou de nature à induire en erreur, lorsque celles-ci portent sur un ou plusieurs des éléments ci-après : existence, nature, composition, qualités substantielles, teneur en principes utiles, espèce, origine, quantité, mode et date de fabrication, propriétés, prix et conditions de vente de biens ou services qui font l'objet de la publicité, conditions de leur utilisation, résultats qui peuvent être attendus de leur utilisation, motifs ou procédés de la vente ou de la prestation de services, portée des engagements pris par l'annonceur, identité, qualités ou aptitudes du fabricant, des revendeurs, des promoteurs ou des prestataires.

II. — *Les agents de la direction générale du commerce intérieur et des prix* du ministère de l'économie et des finances, ceux du service de la répression des fraudes *sont habilités à constater, au moyen de procès-verbaux, les infractions. Ils peuvent exiger de l'annonceur la mise à leur disposition de tous les éléments propres à justifier les allégations, indications ou présentations publicitaires.*

La cessation de la publicité peut être ordonnée soit sur réquisition du ministère public, soit d'office par le juge d'instruction ou le tribunal saisi des poursuites. La mesure ainsi prise est exécutoire nonobstant toutes voies de recours.

(...) En cas de condamnation, le tribunal ordonne la publication du jugement. Il peut, de plus, ordonner la diffusion, aux frais du condamné, d'une ou de plusieurs annonces rectificatives. Le jugement fixe les termes de ces annonces et les modalités de leur diffusion et impartit au condamné un délai pour y faire procéder ; en cas de carence et sans préjudice des pénalités prévues aux deux derniers alinéas du présent paragraphe, il est procédé à cette diffusion à la diligence du ministère public aux frais du condamné.

L'annonceur, pour le compte duquel la publicité est diffusée, est responsable, à titre principal, de l'infraction commise. Si le contrevenant est une personne morale, la responsabilité incombe à ses dirigeants. La complicité est punissable dans les conditions du droit commun.

Le délit est constitué dès lors que la publicité est faite, *reçue* ou *perçue en France.*

Les infractions aux dispositions du paragraphe I du présent article sont punies des peines prévues à l'article 1er de la loi du *1er août 1905 relative à la répression des fraudes.*

Les mêmes pénalités sont applicables en cas de refus de communication par l'annonceur des éléments de justification qui lui sont demandés dans les conditions prévues au paragraphe II, premier alinéa, du présent article, de même qu'en cas d'inobservation des décisions ordonnant la cessation de la publicité ou de non-exécution, dans le délai imparti, des annonces rectificatives.

III. — Les dispositions de l'article 39-I, deuxième alinéa, de l'ordonnance n° 45-1484 du 30 juin 1945 relative à la constatation, la poursuite et la répression des infractions à la législation économique sont modifiées comme suit :

« Toutefois, lorsque la publicité sera de nature à induire en erreur le consommateur, ces infractions seront punies d'un emprisonnement de trois mois à un an et d'une amende de 60 à 30 000 F ou de l'une de ces deux peines seulement. »

Art. 45. — L'action civile en réparation du dommage causé par l'une des infractions constatées, poursuivies et réprimées (...), est exercée dans les conditions du droit commun.

Art. 46. — (...) les associations régulièrement déclarées ayant pour objet statutaire explicite la *défense des intérêts des consommateurs peuvent, si elles ont été agréées à cette fin, exercer devant toutes les juridictions l'action civile* relativement aux faits portant un préjudice direct ou indirect à l'intérêt collectif des consommateurs.

— *La loi Sapin*. — C'est sous ce nom qu'est connue la loi du 29 janvier 1992 relative à la prévention de la corruption et à la transparence de la vie économique, et plus particulièrement le chapitre II du titre II, dont les articles 20 à 29 concernent les « prestations de publicité ». L'objectif de cette loi, extrêmement mal accueillie par l'ensemble de la profession, est de « moraliser » les relations entre agences, centrales d'achat d'espace, supports de publicité et annonceurs, et de protéger davantage ces derniers contre des pratiques souvent peu orthodoxes (voir pour une explication détaillée : CB News, n° 296 du 5 avril 1993, « Loi Sapin : ce qui va changer »).

CONCLUSION

« — Nous pouvons le dire entre nous : une absolue continence rétrécit le jugement.
« — Elle étrangle l'intelligence !, dit Ponosse, au souvenir de ses douleurs. »

Que penser de la publicité, au terme de cette étude rapide ? Que bien que sa démarche et ses techniques se soient perfectionnées et affinées, la publicité n'est pas une science, mais un produit de la culture et son miroir, en ce qu'elle reflète ses normes, ses croyances, ses systèmes de valeur.

Est-ce à dire que la société — les acheteurs, les consommateurs... — n'a qu'à s'en prendre à elle-même lorsqu'elle reproche à la publicité de mentir, de renchérir le prix des produits, de promouvoir des biens inutiles, d'accélérer l'obsolescence (augmentant ainsi indirectement le prix des produits), « d'accroître le mécontentement et de favoriser les tensions des consommateurs en répandant l'image d'une vie facile et en présentant fréquemment des produits que les consommateurs ne peuvent pas s'offrir dans leur majorité » ? (1).

Il en va de la publicité, technique d'une part, miroir de la société de l'autre, comme du reste : on y trouve le meilleur — rarement — et le pire — trop souvent... Nous laisserons le dernier mot au sociologue (2) : « Finalement, les grandes peurs suscitées par la publicité nous semblent à la fois futiles et profondes. Il est futile d'attribuer à la publicité une sorte d'existence démiurgique, et une responsabilité quasi pénale (...), d'imaginer [qu'elle] puisse conditionner une civilisation. Toutefois il est profond de sentir, tapis, cachés sous la publicité, quelques-uns de nos problèmes les plus redoutables. »

(1) P.-L. Reynaud, Précis de psychologie économique, PUF, 1974.
(2) E. Morin, préface à Publicité et société, op. cit.

BIBLIOGRAPHIE

Autrement, n° 53, oct. 1983, La pub, son théâtre, ses divas, l'argent de la séduction.

P. Albou, Psychologie de la vente et de la publicité, PUF, 1977.

F. Bernheim, Les publicitaires, poètes et vautours de l'imaginaire ordinaire, coll. « Les tribus françaises », Ed. Criterion, 1991.

Cl. Bonnange, Ch. Thomas, Don Juan ou Pavlov, Essai sur la communication publicitaire, Le Seuil, 1987.

B. Brochand et J. Lendrevie, Le Publicitor, Dalloz, 4e éd., 1992.

Communications, n° 17, Les mythes de la publicité, Ed. du Seuil, 1971.

A. Dayan, La publicité, PUF, 1976.

M. Dubois, La publicité en question, Bordas, 1972.

G. Durandin, Les mensonges en propagande et en publicité, PUF, 1982.

S. Enen, Consciences sous influence, publicité et genèse de la société de consommation, Aubier-Montaigne, 1983.

Th. Fabre, Le media-planning, PUF, coll. « Que sais-je ? », n° 2644, 1992.

G. Garibal, Cette publicité qui nous dérange, Ed. Entente, 1982.

D. Genzel, De la publicité à la communication, Rochevignes, 1983.

Cl. R. Haas, Pratique de la publicité, Dunod-Bordas, 7e éd., 1979.

H. Jeudi, La publicité et son enjeu social, PUF, 1977.

H. Joannis, Le processus de création publicitaire : stratégie, conception et réalisation des messages, Dunod-Bordas, 1978.

J. N. Kapferer, Les chemins de la persuasion. Le mode d'influence des media et de la publicité sur les comportements, Gauthier-Villars - Bordas, 1978.

G. Lagneau, La sociologie de la publicité, 2e éd., coll. « Que sais-je ? », n° 1678, PUF, 1983.

A. Marsille, Connaître la publicité, Stratégies, 1983.

A. Mattelard, L'internationale publicitaire, Ed. La Découverte, 1989.

D. Mayer, Droit pénal de la publicité, Masson, 1979.

G. Peninou, Intelligence de la publicité, éd. R. Laffont, 1972.

S. Piquet, La publicité dans l'action commerciale, Vuibert, 1981.

A. Sauvageot, Figures de la publicité, figures du monde, PUF, 1987.

M. Vidal, Publicité et gestion, Dunod, 1972.

OUVRAGES SPÉCIALISÉS

Annuaire de la presse, de la publicité et de la communication, Ed. 1987, Firmin Didot, 1988.

F. Brune, Le bonheur conforme. Essai sur la normalisation publicitaire, Gallimard, 1981.

S. Chatillon, Publicité, consommation et concurrence, Entreprise moderne d'Edition, 1981.

P. Greffe, F. Greffe, La publicité et la loi, Litec, 2ᵉ éd., 1987.

— *Promotion des ventes*

G. Biolley et M. Cohen, Traité pratique de la promotion des ventes, Dunod, 1972.

A. Dayan, A. et L. Troadec, Promotion des ventes et p.l.v., coll. « Que sais-je ? », n° 2482, PUF, 1989.

V. de Chantérac et R. Fabre, Droit de la publicité et de la promotion des ventes, Dalloz, 1986.

Ph. Ramain, Promotion des ventes et publicité industrielle, Vendre, 1969.

L. Troadec, Manuel de promotion des ventes, Editions d'Organisation, 1975.

— *Publi-postage*

J. L. Ferry, Le guide du marketing direct, EO, 1987.

Ph. Lebatteux, La publicité directe, conception et diffusion, Editions d'Organisation, 1976.

B. Manuel, D. Xardel, Le marketing direct en France, Dalloz, 2ᵉ éd., 1986.

INDEX ANALYTIQUE

TABLE DES MATIÈRES

Imprimé en France
Imprimerie des Presses Universitaires de France
73, avenue Ronsard, 41100 Vendôme
Décembre 1995 — N° 41 975